教海探航：多元文化视域下的高校英语教学研究

黄文静 著

中国商业出版社

图书在版编目（CIP）数据

教海探航：多元文化视域下的高校英语教学研究 / 黄文静著. -- 北京：中国商业出版社, 2022.11
ISBN 978-7-5208-2384-5

Ⅰ. ①教… Ⅱ. ①黄… Ⅲ. ①英语 – 教学研究 – 高等学校 Ⅳ. ①H319.3

中国版本图书馆CIP数据核字(2022)第244225号

责任编辑：陈　皓
策划编辑：常　松

中国商业出版社出版发行

（www.zgsycb.com 100053 北京广安门内报国寺1号）

总编室：010-63180647 编辑室：010-83114579

发行部：010-83120835/8286

新华书店经销

定州启航印刷有限公司印刷

*

710 毫米 ×1000 毫米　16 开　12.5 印张　220 千字

2022 年 11 月第 1 版　2023 年 2 月第 1 次印刷

定价：78.00 元

* * * *

前言 Preface

人类是群体性动物，每一个人都不能完全脱离社会，只要人处在社会中，就需要与他人交际。语言无疑是使用最广泛、效率最高的交际工具。由于地域环境和社会历史文化的差异，不同的国家和地区形成了自己独特的语言知识体系。伴随着全球经济一体化和文化多元化的进程，世界各国、各地区之间的交往日益增多，英语已经成为世界上使用范围最广和学习人数最多的语言。

学习一门语言最主要的目的是交流，学习英语的目的也是如此。我国高校英语教学在不断的改革和创新中取得了一定的成绩，但在对英语的现实应用中，高校学生的跨文化交际能力仍有提升空间。这是因为高校学生对英语国家的文化还不够了解。当今社会正处于多元文化发展的背景下，各个国家和地区都在发展自己的文化，并尝试与外界建立更多的联系。在这种复杂多样的文化环境中，每一种文化都在影响着时代的发展和社会的进步，从而促成多元文化相互交流与碰撞的局面。因此，我国高校英语教学要想实现培养学生跨文化交际能力的教学目的，必须将文化教学融入外语教学。文化教学的内容不仅要包括英语国家的文化，还应包括本民族的文化。缺少文化教学的语言教学是没有意义的。

本书从多元文化的视域出发，对我国高校英语教学进行了研究和探讨。内容主要包括多元文化的内涵和特点，多元文化对高校英语教学的影响和启示，多元文化视域下的高校英语基础知识教学、语言能力教学和文化教学，以及多元文化视域下的高校学生跨文化交际能力的培养和高校英语教师的发展。本书重点阐述了多元文化视域下的高校英语语言教学与文化教学结合的方法和途径，开展语言文化教学对高校英语教师的素质要求及素质培养策略，希望能为当代高校英语教学改革与发展提供一定的参考。

本书在编写的过程中参考了大量的文献资料，在此向文献的作者表示衷心的感谢。本书在阐释和论述的过程中力求语言简洁、行文流畅，但由于笔者能力有限，书中还存在诸多不足，有待进一步完善，恳请广大读者批评指正。

目 录 Contents

第一章　多元文化概述

当今世界，各国、各地区在政治、经济、文化、外交等领域的交流十分频繁。多元文化的发展给人们的工作和生活带来了深远的影响，尤其改变了人们以往的思想观念和教育理念，而这也是当前我国高校致力于开展教育改革的一个重要因素。因此，要想深刻地理解当前高校教育教学工作改革与发展，就要先理解多元文化的相关内涵。本章介绍和探讨与多元文化相关的一些知识和概念。

第一节　多元文化的缘起与发展

一、多元文化的起源

从发生学的角度分析，多元文化作为一个政治概念最初产生于美国。来自不同国家和地区的移民共同居住在美国这片土地上，在他们长时间的相处中肯定会产生各种各样的矛盾。因此，如何协调各民族之间的关系、缓和各民族之间的矛盾，是美国一直关注的重要问题。对此，19 世纪美国著名的民主派哲学家拉尔夫·爱默生（Ralph Emerson）曾提出，美国是一个像熔炉一样的国家。由此衍生出美国的“熔炉论”思想。事实上，“熔炉论”思想的核心是追求美国民族在传统文化方面的一致性，而这个一致性的基础是美国的盎格鲁－撒克逊文化。

20 世纪初，“熔炉论”思想受到美国年轻人的欢迎和信奉。1915 年，美国学者霍勒斯·卡伦（Horace Kallen）开始对“熔炉论”思想进行批判。他认为，人们虽然可以选择和改变自己的政治信仰、宗教信仰、哲学理想、人生伴侣，但无法选择和改变自己的祖先、血统和家族关系，这些是从每个人出生时就已被确定的。他对美国精神提出了新的定义，认为真正的美国精神应该是“所有民族间的民主”，而不是某一民族对其他民族的绝对统治。基于此观念，卡伦于 1924 年提出了“文化多元论”，首次使用了“文化多元主义”这一概念。

从人们对文化这一概念的认知变化过程来看，在 20 世纪 50 年代之前，人们认为文化是人类群体中精英成员活动的总体象征。这一认知结果基于达尔文的进化论思想，即文化是由野蛮的原始部落发展为高度文明的人类社会的成果。20 世纪 50 年代之后，这一观点不断受到质疑和批判，人们通过对文化的研究，重新定义了文化：文化就是在特定时空条件下特定人类群体的生活方式、风俗习惯、社会秩序以及生存样态。这一文化理念认为文化具有历史的特殊性，其本身的含义取决于特定的历史环境，因而文化并不会因为发生在过去而变得低等或者不珍贵。这一文化理念是现代多元文化主义的基础。多元文化理论认为，即使在同一个国家，也会存在由不同信仰、不同民族所形成的多元文化，这些文化之间的关系应该是平等的、相互支持的。

后现代主义理论也从自身视角阐释了多元文化的概念。后现代主义理论认为，近现代人类群体获得知识的手段和拓展知识容量的方式都发生了很大的变化，因此，以往所有的观念、看法和所判定的事物价值都要逐渐从过去固定的看法中剥离出来。人们应当尝试理解其他种族群体的文化，应该尊重文化的差异性。后现代主义理论的这一观点被称为“多元主义的赞歌”。

随着欧美国家民权运动的开展，伴随人们对文化认知的改变以及对后现代主义理论的发扬，多元文化不仅成为一种现象、一种既定的事实，还成为影响社会发展的一个重要条件，成为国家决策的重要组成部分。多元文化是当今世界各国、各民族发展都要面对的一个世界性的文化问题，多元文化模式也就成为解决当今世界各民族相处过程中的各种文化矛盾、冲突问题，以及世界观、价值观等观念不一致的问题的普遍模式。

二、多元文化的发展

进入 21 世纪，信息社会的到来使国家、地区、阶层以及生活在其中的个人都处于一种开放的状态。在这种状态下，各种文化相互传播、相互渗透、不断融合。在这种开放与相互影响的背景下，阶层与个人都在追求新的发展机遇，国家和民族纷纷走出发展的舒适圈，开始接触其他国家和民族的文化模式和发展模式，各种文化开始相互交融。一方面，任何一种文化都在有意识或者无意识地影响着其他文化；另一方面，任何一种文化也在有意识或者无意识地吸收其他文化的构成因素，从而使自身更加完善。当前，世界各国、各地区共同建成了一个网络遍布、信息通畅的“地球村”，“地球村”里的国家与国家、地区与地区、文化与文化之间的关系呈现出鲜明的全球化特点。

第二节　多元文化的内涵

一、多元文化的概念与内涵

多元文化概念本身是针对传统的单一文化概念而言的。单一文化是指在某一特定区域、群体或阶层等中存在的某种单一形态的文化，而多元文化则是指在某一特定区域、群体或阶层等特定的范围内同时存在、各自独立发展又有着紧密联系的多种文化形态。这体现出多元文化的存在方式与单一文化的存在方式的不同之处，即多元文化在空间上具有多样性，在时间上具有共时性。

多元文化作为一种社会现象，在 20 世纪 50 年代之后逐渐成为学术界研究的重点问题。20 世纪 50 年代，随着现代化理论的发展，多元文化的概念主要用来指代两种文化现象：一是指殖民地与后殖民地社会的文化；二是指不同民族之间的文化。20 世纪六七十年代，随着后现代主义理论的出现和兴起，多元文化的内涵又发生了改变，多元文化的研究范围开始不再局限于殖民地国家和不同民族之间。后现代主义理论家认为除了殖民地国家存在统治文化与被统治文化之间的分野外，世界上的其他国家内部也存在文化的差异。而且，思想观念、价值体系、宗教信仰等方面的差异不仅在不同民族间存在，在同一民族不同社会阶层之间、地域之间、群体之间、性别之间也存在。

由于多元文化的内涵十分丰富，不同学者对多元文化有着不同的理解，因此当前学术界对多元文化的概念还没有达成一个普遍的共识。1995 年，联合国教科文组织在澳大利亚召开了全球文化多样性大会。在此次会议上，联合国教科文组织对多元文化的内涵作出了以下阐释：“The right to cultural identity，the right to social justice and the need for economic efficiency.”。将其翻译成中文就是：“文化认同权、社会公平权以及经济受益需求。”也就是说，多元文化不仅仅指不同民族之间存在的文化差异事实，还与文化主体的生存与发展权密切相关。对此，我们可以从以下三个方面进行解读：一是多元文化之间的差异及相互尊重；二是对本民族文化的认同权利；三是政府对促进多元文化发展所采取的措施，包括为不同文化提供发展经济的条件，满足不同文化对发展经济的需求。2005 年，联合国教科文组织又赋予多元文化新的含义，即多元文化不仅体现在人类文化遗产中的文化表达、弘扬和传承等方面，还体现为随着时代的发展，借助相关技术和方式进行的生产、传播和销售各种文化产品等多种行为。

对一个国家或者一个民族来讲，多元文化就是指该民族或者国家在社会发展的过程中，在继承和发展本民族优秀传统文化的基础上，引进和吸收来自其他民族或国家的优秀文化。从而形成以本民族或本国文化为主，以外来文化为辅的百花齐放的文化发展态势。

综上所述，多元文化是当今社会发展的现状和客观事实。人类社会是由不同类型的文化构成的共同体。在漫长的历史发展进程中，在不同的地域条件下，国家和民族都在创造和发展自己的文化。由于生存环境、历史渊源、宗教信仰等方面的差异以及各种现实因素的影响，来自不同时期、不同地域的社会群体总会创造出各具特色的生产、生活方式，并构建出属于该群体的宗教、语言、科学、伦理等文化体系。这些文化体系发展到一定层次，就会呈现出不同的文化类型，进而使整个人类文化表现出鲜明的多样性，并成为世界文化的一个显著特征。通过对人类文明发展史的研究可以发现，人类历史上还从未出现过一个十分统一的文化类型。相反，每一种文化都在努力表现自己的独特之处，都在各种各样的文化中彰显自己的价值。

二、与多元文化相关的概念

文化相对主义和多元文化主义这两个概念听上去与多元文化密切相关，但其概念实际所指的内容以及概念涵盖的范围却各不相同。为了使接下来的研究更加准确，我们在此详细分析上述两者概念的界定和分类，以免混淆。

（一）文化相对主义

1. 文化相对主义的提出

文化相对主义理论诞生于 19 世纪末 20 世纪初，该理论的诞生基于对种族主义、文化殖民主义的反对和对其他民族文化的理解与尊重，该理论的代表学者是美国的人类学家弗朗兹·博厄斯（Franz Boas）和梅尔·赫斯科维茨（Mel Herskovitz）。

2. 文化相对主义的内涵

文化相对主义是就如何考察、比较、看待和评价异质文化而提出的一个观念，可以概括为“文化是相对的”。此处的“相对”的含义与“绝对”相反，是指有条件的、暂时的、有限的。文化相对主义认为，每一种文化都是独一无二、不可复制的，每一种文化都是在特定地域环境下长期发展形成的，每一种文化的产生都依托于一定的经济水平和经济条件。各类文化在伦理道德、风俗习惯、宗教信仰、日常礼节等方面均有各自的特色，对不同文化的价值评定及其产生背景、条件的估价是相对的。具体来说包括两个方面的内容：一方面，不同文化之间没有可比性，文化没有绝对的优劣之分，因为能适用于所有文化，且客观、统一的评价标准并不存在；另一方面，每一种文化的产生都是难能可贵的，都应该得到外界的尊重和保护。

3. 文化相对主义的作用

文化相对主义具有积极和消极两个方面的作用。文化相对主义的积极作用在于，它强调每一种文化存在的独特意义和价值，有助于反对文化霸权主义、种族主义和文化中心主义，保护少数民族文化和弱势文化，促进不同文化之间的平等交往、和谐共处。文化相对主义的消极作用在于，过分强调文化自身的完整性与独一无二的特性，不利于不同文化之间的相互学习与借鉴。与此同时，如果每一种文化都满足于自身的发展水平和评价标准，就很有可能导致否定甚至排斥其他文化，从而形成自我孤立、自我封闭、停滞不前的文化孤立主义。人类生存的社会具有复杂性和多样性的特点。人类社会复杂性的表现之一就是社会构成成分的多元化，不同的成分存在于不同的社会环境下，自然会创造出不一样的文化，因而每种文化都有其必然产生的理由和不可替代的价值，都享受自由生存和发展的权利。外界应该认可每一种文化存在的价值，并给予同等的关注和保护，以促进不同文化之间的相互理解与交流，实现各类文化的和谐共处、繁荣发展。

4. 文化相对主义的评价

事实上，并不是所有的文化内容都不能进行比较，只是对于种类丰富、各具特色的文化内容，不能采用单一的整体主义认识方法进行比较。有些文化内容具有较强的民族性和地域特色，不适合从先进或落后的角度进行比较。例如，西方人的传统餐具是刀叉，用餐时习惯采用分餐制，喜欢安静优雅的用餐氛围；而中国人的传统餐具是筷子，用餐时喜欢围坐在一起分享美食，吃饭时喜欢聊天、讲笑话、夹菜、劝酒。有些文化内容则具有明显的先进与落后的差别。例如，与物质生产方式相关的生产工具，与物质生活方式相关的居住条件、饮食条件等。

如果不对文化进行比较，那我们就无法得知文化的发展程度；如果文化没有先进与落后的区别，我们就不能认定哪种文化发展得更好，更值得学习与借鉴，那么我们就不能进行文化的交流与学习。现实是，从古至今，不同国家之间的文化交流一直存在，各个国家都曾在与其他国家的交流中学到很多有用的知识。文化相对主义中“不同文化间不具有可比性”的观念错误的原因在于它割裂了文化的绝对性与相对性，尤其是忽视了文化的绝对性。无论是哪一个国家创造的文化，还是不同文化之间的差异有多大，它们都是人类创造的精神财富与物质财富。文化这种内在的本质就是文化的绝对性所在，也是所有文化的共性。只有认同不同文化之间存在可比性这一观点，才能看到不同文化中先进或落后的地方，才能见贤思齐，明确文化发展的方向和标准。

（二）多元文化主义

1. 多元文化主义的产生

第二次世界大战结束之后，以美国为代表的西方国家内部的种族矛盾和民族矛盾日渐激化，由此诞生了以种族为基础的民权运动。民权运动强调通过群体斗争的方式争取群体的权利，对传统权威发起了多方位的挑战。可以说，民权运动的开展是对强调人权重要性的美国传统的一种创意反叛。民权运动的开展最终取得了良好的成效，美国国会因此被迫重新审视国内长期存在的种族问题和民族矛盾，进而出台了一系列相关的法律政策和移民政策，使得黑人、移民和少数民族可以享受平等的政治和公民权利，这一行为为多

元文化主义的产生奠定了政治基础。

多元文化主义思想虽然萌芽于美国，但形成、发展于加拿大。加拿大是一个由超过一百个民族组成的多民族国家。由于加拿大曾是英法两国的殖民地，因此在很长一段时间内，加拿大在对待民族问题时采用的是民族同化政策。所谓民族同化政策，就是指由政府统一采取法律手段或行政手段，削弱和减轻被统治民族原有的特征，从而将其吸收、合并于统治民族的政策。这种政策的特点就是要求少数民族或移民放弃自己民族的文化与传统，并按照英法两国的行为方式和价值观开展民族活动。然而理想是丰满的，现实是残酷的，民族同化政策并不能完全解决众多民族文化之间的矛盾。第二次世界大战结束之后，加拿大政府为了调和英法两大族裔群体之间的社会矛盾和民族矛盾，正式提出了取消原先以英法文化为基础的双文化政策，改为实施多元文化政策的建议。1972 年，加拿大政府内阁增设“多元文化部部长”一职，具体制定了展示各民族文化、研究各民族历史、推进各民族交流等六大规划，并在各级地方政府设立多元文化工作部。至此，加拿大在全境范围内落实了多元文化主义的政策。

加拿大推行的多元文化主义政策在欧美多个国家引起了强烈反响。该政策的支持者表示，多元文化主义政策是解决民族问题的绝佳途径。随着时代的发展，多元文化主义政策和思想得到了越来越多的认可，多元文化主义思潮也逐步发展和扩散开来。多元文化主义正作为一种有效的政治理念，帮助多个多民族国家解决本国的民族问题和文化发展问题。

2. 多元文化主义的内涵解析

多元文化主义与多元文化仅有两字之差，却是两个完全不同的概念。多元文化是一种现象描述；多元文化主义则是一种政治理论，是一种为了寻求多民族、多文化在一个国家内如何共存共处的政治理论。如果说多元文化旨在指出不同文化之间的共存现象，那么多元文化主义则不仅要指出不同文化的共存，还要承认不同文化之间存在的差异，并采取一视同仁的政策。

美国学者 C.W. 沃特森（C.W.Watson）在对多元文化主义进行研究和考察后认为，多元文化主义可以从文化观、历史观、教育理念和公共政策四个角度进行解读。

首先，多元文化主义是一种文化观。多元文化主义认为，所有的文化都是平等的，没有优劣之分，世界上并不存在哪种文化比其他文化更加先进、更加优秀。无论哪种文化都不能用自身文化的评价标准去评判其他文化。文化具有多样性，不同文化之间的交流与传播也影响着其他文化的发展。

其次，多元文化主义是一种历史观。多元文化主义关注少数民族和弱势群体的成长与发展，强调历史经验的多元性与重要性。从国家发展的角度来看，多民族国家的历史和传统是这个国家所有民族组合在一起的不同经历相互影响、相互渗透的结果。

再次，多元文化主义是一种教育理念。多元文化主义认为，传统教育理念需要改变对非主流文化的否定和排斥，学校和教师有义务帮助学生消除其对其他文化的误解和歧视，以及对可能发生的文化冲突现象的恐惧，帮助学生树立正确的文化意识，学会尊重和欣赏其他文化。

最后，多元文化主义是一种公共政策。多元文化主义认为，所有人无论出身如何、背景如何，他们在政治、文化和经济领域中发展的机会都是平等的，禁止其他单位或个人以种族、民族、宗教、文化等其他因素为理由歧视他人。多元文化主义强调民族平等和宗教宽容，其最终目的并不是追求文化平等，而是想实现社会平等。在这层意义上，多元文化主义也是一种价值观、一种意识形态，其功能在于动员整个社会成员的力量推动社会的改革与发展，从而实现群体在文化和物质上的繁荣以及人类本身所具有的自由与尊严。

3. 多元文化主义的发展

20 世纪 80 年代以后，多元文化主义学说得到了很多多民族国家的认可，这些多民族国家将该学说作为处理国家民族问题和文化发展问题的重要方针政策，取得了初步的成效。在理论上，多元文化主义学说的倡导者通过研究历史、举例论证、出版相关书籍的方式，论述该学说的合理性与科学性。与此同时也出现了一些反对的声音，一部分对该学说持质疑态度的学者提出了他们不同的意见和看法。一时之间，多元文化主义的支持者和反对者之间展开了一场激烈的争论。加拿大学者威尔·凯姆利卡（Will Kymlicka）将这场争论称为“多元文化主义战争”。

这场“多元文化主义战争”按照时间发展顺序可以分为两个阶段：第一个阶段是从多元文化主义产生到 20 世纪 80 年代，第二个阶段是从 20 世纪 90 年代到 21 世纪初。第一个阶段争论的主题为是否应赋予少数民族群体差异的公民权利以及这种公民权利是否具有正当性和合法性。对此，多元文化主义的支持者引经据典，批判了自由主义中的普遍主义倾向，因为普遍主义强调文化的普遍性与统一性，而这种普遍性是以主要民族的文化为基础和导向的，因而很容易忽视少数民族群体的价值和重要性，容易导致文化的专制与压迫，因此他们十分看重文化的独特性，主张尊重不同文化之间的差异，尤其是少数民族群体的文化价值。通过激烈的讨论，多元文化主义的反对者逐渐落入下风，人们逐渐意识到少数民族文化价值的重要性，并开始正视少数群体的文化权利。这一阶段的争论以多元文化主义者的胜利而告终，现在基本没有人质疑少数民族的文化价值和文化权利。

进入 20 世纪 90 年代，人们对多元文化主义的看法发生了变化。对多元文化主义的各种质疑声和批评声四起，而且提出的问题也越来越尖锐。这种趋势发展到 20 世纪 90 年代末达到了顶峰，在国际上出现了诸如“危险的多元文化主义”“多元文化主义的错误之处”“多元文化主义是新种族主义”等相关的专题讨论，对多元文化主义的说法进行了讨伐。这种声讨的趋势在 21 世纪后有所减轻。具体原因如下：进入 21 世纪，随着外交手段的运用和交通运输行业的进步，世界各国、各地区的人们之间的沟通变得更加顺畅，往来日益频繁，经济联系逐渐加强，贸易、金融、投资等领域的合作力度更是前所未有。各国在经济贸易方面的合作扩大至社会生活的各个领域，国家、地区之间相互影响、相互依存，从而打破了国家与国家之间的界限、地区与地区之间的壁垒，人们开始接触越来越多的外来文化，也促使他们的思想观念发生了新的变化。全球化的进程打破了民族之间的藩篱，将各民族的文化都卷入大交流、大融合的浪潮之中，使人类文化在相互补充、相互借鉴、相互吸收的过程中继续前进。历史上的任何时期都无法与此盛况相比。

现代科学技术和信息技术的发展，使手机、电脑、平板、电视等电子信息设备构建出的现代化信息网络把整个世界连成了一个整体，形成了网络信息一体化的趋势，促进了信息的同步化，提升了信息更新的速度。信息已成为主导人类社会发展的力量。谁掌握了最新的信息，谁就能把握事物发展的动态，谁就能引领潮流、创造财富。信息技术的发展为世界各国人们之间的实时交流提供了条件，也为教育行业的国际交流带来了机遇。综上所述，一方面，全球一体化的进程逐渐加快，世界各国、各地区之间的合作与交流更加频繁，国际竞争也更加激烈，任何国家和地区都无法置身事外，无法脱离世界开展政治、经济、教育、文化方面的改革浪潮；另一方面，知识和技术是促进国家和地区发展的中坚力量，高素质的人才是提升国家综合竞争力的核心因素。

多元文化主义理论的提出具有一定的现实意义。它既反映了世界文化多元的本质，又在不断推动人们去认识和接受这种多元化的事实，突出了不同民族的历史发展特征，增强了世界人民的多元文化意识。

第三节 多元文化的特点

不管人们对多元文化的定义是什么，但从多元文化本身的内涵分析，我们可以看出多元文化是有关文化问题的基本假设，这些基本假设也是多元文化的特点所在。多元文化的特点可以从五个角度来阐述，如图 1–1 所示。

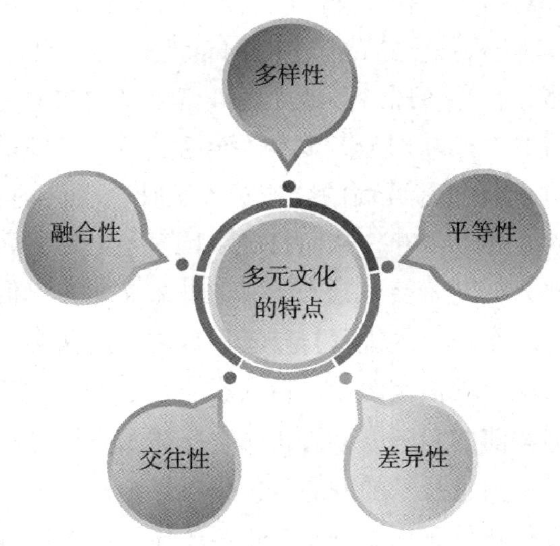

图 1–1 多元文化的特点

一、多样性

多元文化最突出的特点就是多样性，多样性是多元文化理论建设的基础。从文化内容的角度来看，多样性主要体现在三个方面：语言的多样性、思维方式的多样性和价值信仰的多样性。例如，通过研究中国的历史，可以发现中华民族几千年的文化发展史是一部各种文化相互影响、相互交织、兼

容并蓄的历史，儒家文化、道家文化、佛教文化、外来文化等多种文化，在历史长河中共同发挥着它们的作用，体现着它们的价值。不仅中华民族文化的发展如此，世界其他国家、地区的文化，如美国的民族文化等更是如此。正是这种多样性，促进了不同文化之间的交流与碰撞，形成了内容复杂、形式各异的世界文化多元化的格局。

二、平等性

多元文化理论坚信文化在价值层面上都是平等的。多元文化理论在美国的提出，最开始就是为了反对不同民族或种族之间的文化不平等的现象。美国是一个种族差异明显的多民族国家，全国有 31 个种族的人口超过了一百万人，而人口在一百万人以下的种族则更多。其中，大多数美国人是欧洲白人移民的后代，其他美国原住民、亚裔美国人、拉丁裔美国人以及非裔美国人则占美国人口的一小部分。因此可以说，美国是一个典型的以白人为主的社会，以盎格鲁－撒克逊文化为代表的主流文化长期居于统治地位，主导着美国人的文化、习俗和道德行为标准。尽管美国社会日益多元化，外来移民在来到美国后还是需要放弃他们原有的文化信仰，接受美国主流文化的价值观念，这就是美国文化所提倡的“熔炉论”。这一理论忽视了文化的平等性，其实是不可取的。

多元文化理论提出，任何文化都是人类群体在发展过程中创造的物质文明和精神文明的积淀。这些文化记载了人类不断进步与成长的过程，表明了人类一直在学习、在前进的状态。只是记录的角度不同，因此各种类型的文化都有其独一无二的价值，没有高低贵贱之分，都享有平等的生存权与发展权，都值得被尊重和保护。因为多元文化承认不同文化之间的平等性，所以各种文化才能共同存在、共同发展。

三、差异性

任何一种文化都具有普遍性与差异性这两种既对立又统一的特征。单一文化的普遍性是指这种文化具有所有其他类型文化的普遍特征，而单一文化的差异性也可以称为某一文化的个性特征，这主要体现在每一种文化都有其不同于其他文化的特别之处。真正的文化都是有特性的文化，没有哪种文化能适合所有的时空和主体。那么，为什么不同的文化会体现出十分明显的差异呢？其原因可以从以下几个方面进行探究。

（一）自然地理环境的差异

达尔文的进化论指出，人类是自然界生物进化之后的产物，人类的生存和发展离不开自然界提供的环境和资源。自然地理环境的差异造成不同民族生存和发展方式的差异，进而塑造了不同的民族个性，培养了不同的民族思维，设定了不同的道德标准，并据此发展成特定的文化类型。

（二）文化的民族性差异

文化的民族性差异就是指体现在特定民族文化中，并作为基本内核而存在的民族文化心理素质及其特征，它是对特定民族文化心理最高级别的概括，是某种文化在与其他文化进行对比的过程中显示出的，不能替代的、独特的规定性。具体来看，文化的民族性差异体现在民族的风俗习惯、语言表达、社交礼仪、情感态度和艺术风格等方面。正是由于民族性差异的存在，人类的文化才能体现出民族的特点。

（三）文化的历史差异

文化的历史差异是指任何文化都是某一历史阶段的产物，其形成和发展必然会受到所处历史条件下的物质生产方式、物质交换方式以及经济发展水平、社会生产结构等因素的影响。不同的历史阶段，文化展现出不同的魅力和特点，这一点在不同时代的历史文物上体现得淋漓尽致，考古学家和文物鉴定专家因此能根据历史文物的特征判断其所属的年代。总而言之，各个国家和民族在长期的历史发展的进程中，通过其独具特色的生活和生产方式，创造和积累了属于本国或本民族的文化。不同国家或民族的文化一般具有能区别于其他文化的鲜明的特征，各种类型的文化因此呈现出多元发展的特征。

四、交往性

交往性是多元文化的一个现代特征。多元文化是在社会共同体、区域联合体等系统中共存的，并在系统结构中存在着一定的联系的。沟通与交流是多元文化形成的必要条件，也是其存在的基础。每个国家和民族基本上都有自己独特的生活方式、风俗习惯、宗教信仰、价值取向等，即都有它们自己创造的文化，且这种状态已经持续了很长时间。为什么 20 世纪 20 年代才有人提出“多元文化”的概念呢？这与各个国家、地区和民族之间的频繁接

触、密切交往有关。

20 世纪以前，科学技术水平和交通运输条件还没有发展，普遍水平偏低，所以使不同民族、不同文化之间的交往受到了限制。进入 20 世纪以后，交通运输条件和通信设备的发展，尤其是计算机与互联网技术的应用，为不同国家、不同地区和不同民族之间的对话创造了条件，提供了机会，使不同文化之间的沟通与交流也成为可能。伴随着交往范围和交往内容的扩大，整个世界逐渐连为一体，不同文化间也就呈现相互竞争、相互影响的局面。

五、融合性

融合性是多元文化发展的必然趋势。按照多元文化的理论，各种文化之间的交流与碰撞，甚至是冲突和对立，都只是文化交往的过程，而不是文化发展的未来趋势。各种类型的文化通过相互交流、相互借鉴，最终的结果只能是走向融合与共存。具体而言，文化的融合是各类文化之间相互了解、相互借鉴，并选择性地吸收以及创造新的文化的过程。伴随世界各国、各地区、各民族之间交往进程的加快和交往范围的扩大，各种文化之间相互接触、相互碰撞的机会也逐渐增多，随即就会出现各种文化的融合发展，这是各种文化在演进的过程中必须要经历的步骤。

需要注意的是，多元文化所倡导的文化融合和文化共存并不意味着要抛弃本土文化的核心思想，而是要更好地利用这一方法和途径传播本土文化的优势。正如美国未来学家约翰·奈斯比特（John Nesbitt）所说，随着世界各国之间经济发展依赖性的增强，呈现语言和文化特点的复兴运动即将开始。在这种趋势下，瑞典人会更加瑞典化，中国人会更加中国化，每个国家的人民都会呈现出具有本国文化特质的一点。因此，多元文化发展的趋势是多种文化的共存与融合，通过共同生存、相互融合来促进各民族文化的进一步发展。

第四节　多元文化的格局

随着改革开放的不断推进，以往所有制的形式发生了改变，利益的主体也呈现出多样化的趋势，以上种种变化必然会引起人们思想观念上的变化，特别是西方国家的各种意识形态正通过各种方式传入中国，因而呈现多元文化对立与共存的文化生态格局。在这之中，东方文化与西方文化、传统文化与现代文化之间的对立与统一的关系更是值得人们探讨和研究的。这些文化现象的出现预示着当前我国已进入一个文化多元的时代。

一、东方文化与西方文化

东方文化与西方文化之间的差异还是十分明显的。在当代社会，这种差异依然存在。美国文化的特征包括实用主义和个人主义。首先，实用主义在1949年传入中国后的很长一段时间内都不被看好，但美国人不仅把实用主义看成一种哲学，还看成一种文化。其次，个人主义在中国也一直被否定，但在美国人看来，个人主义是美国文化的核心组成部分，他们自身以及他们关心的一切人和物都与个人主义密切相关，个人主义思想体现在他们生活中的方方面面。很显然，这种现象与中国文化中的集体主义精神、“天人合一”思想等形成了鲜明的对比。

近百年来，西方国家的思想观念和文化理念通过大规模的传播，已经被大部分中国人认同和接受。当今社会，各类文化传媒公司或团体向人们传播的也大多是中西方文化中观念重合的部分，西方国家很多真实的价值理念在更多情况下则以“新观念”的面貌呈现。与此同时，随着中国打开对外开放的大门，西方发达国家获得了进入中国市场的途径，它们的到来伴随着文化价值理念的输入，这种价值理念与西方国家的经济发展水平和主流价值观相适应，因此与中国本土的文化理念相悖。然而，有些人并没有意识到这一点，因此当他们接触到外来文化时就不懂得辨别好坏，甚至会选择全盘接受。

当然，我们也不用把所有来自西方的文化视作“洪水猛兽”，西方文化与中国文化固然存在冲突，但这种现象的产生也是有原因的。我们不用过于强调中西方文化的冲突而忽略二者间可以相互学习、相互借鉴与相互吸收。

二、传统文化与现代文化

在中国，传统文化与现代文化的分立是以“儒家文化与文化现代化”的形式体现出来的。立足当下，我们需要了解什么是文化现代化。

（一）文化现代化

文化现代化是整个现代化过程中的重要表现，也体现在社会现代化、经

济现代化和政治现代化的各个层面。根据西方与东方的发展历程来分析，文化现代化的主要特征是从西方文化特征中抽离出来的。从文化意义的角度来看，文化现代化主要包括以下五个方面的内容。

第一，哲学、宗教、科学等主流价值体系逐渐分化。

第二，伴随主流价值体系的分化，传统文化与现代文化开始了自发的对抗，并逐渐形成传统、反传统、文化与科学这三种文化力量。围绕这三种文化力量，人们成立文化组织，开展文化活动。

第三，信息传播媒介飞速发展，人际交往的广度和深度不断增加，人们普遍接受基础教育，各种类型的专业教育也向大众开放。

第四，文化现代化关注如何促进社会的进步，强调发展科学技术，传播科技知识，发挥科技促进社会发展的作用，开发人的创造性思维。

第五，文化现代化强调维护人的尊严，注重情感的宣泄和表现，鼓励人们不要压抑自己内心的感受，注重个性的塑造和兴趣的培养。

（二）儒家文化对建设文化现代化的意义

关于儒家文化对建设文化现代化有没有借鉴意义这一讨论，不同的人给出了不同的答案。

第一种观点认为，儒家文化对于建设文化现代化来讲没有借鉴意义，不利于社会和文化的进步与发展。持有这种观点的专家学者认为，随着时代的发展和历史的变迁，各种事物的发展和运用都需要与时俱进，否则就无法融入时代发展的潮流，进而被人们摒弃。

与上述否定儒家文化的观点完全相反的第二种观点认为，儒家文化对文化现代化建设仍有借鉴意义和指导意义。儒家文化的主流思想虽然在很多方面已经不适应现代文化发展的要求，但它对文化现代化建设仍然发挥较好的影响作用。这一点可以从以下五个视角展开分析。

第一，儒家文化中的一些重要思想，如仁爱、孝道、礼义廉耻、谦恭等，经过辩证否定，推陈出新，与社会主义现代化建设需要相结合，仍具有借鉴意义。

第二，儒家文化在中华民族几千年的历史中，已经同中华儿女的民族心理、民族性格、思维方式、生活方式、生产方式建立起紧密的联系。儒家文化倡导的思想品质已成为我国人民的显著特征，这些特征已经深深扎根于中国人民的血脉之中，因此不会轻易改变。

第三，儒家文化作为中国传统文化的核心组成部分，它所提出的教育理念和教学方法曾促进了中国古代教育事业的发展。其中的一些教育观念，如“有教无类”“因材施教”“学而时习之”，对现代教育教学活动的开展仍具有借鉴意义。

第四，儒家文化的创始人孔子在几千年前就意识到塑造“君子”人格对扬善抑恶的重要作用，这一点与现在所提倡的对人的培养和塑造的要求没有太大的差别。中国现代化社会的建设需要解放人的思想，完善人的品格，发展人的能力。文化越先进，就越要重视人的价值，因而人格的塑造是儒家思想与现代化社会的结合点，是中国现代化建设乃至整个人类社会发展的必然趋势。

第五，从现代化企业建设的角度来看，儒家文化能够促进现代化企业管理工作的开展。主要体现在三个方面：一是人伦思想与以人为中心的企业管理观念不谋而合，企业文化理论研究是由个体研究到群体研究，由表层组织和技术到深层价值体系的研究，这些研究顺序和研究方法反映了儒家思想的主张；二是儒家文化所宣扬的积极的入世精神与鼓励人们共同参与企业管理的行为类似；三是儒家文化提倡的自强不息、吃苦耐劳、勇于奉献的精神品质与现代企业所追寻的工匠精神有相通之处。

由此看来，传统文化与现代文化的冲突与融合体现在中国现代化进程中的各个方面。根据辩证统一的哲学观点，将传统文化与现代文化完全对立的做法是不可取的。因为传统文化与现代文化处于动态发展的有机联系之中，真正的传统文化不只是书本中所论述的理论，而是存在于广大人民群众的生活之中的。我们之所以要重视传统文化的作用，是因为每一代人的文化创造活动都是以过去的文化积累为基础的，都不可避免地要参考过去的文化经验。每一代人对传统的回眸在某种意义上都蕴含着对现实的理想追求，人的某种现实需求往往能唤醒传统文化中的一些因素，这种传统的价值体现在当下，进而形成现代文化中不可缺少的一部分。

与此同时，我们不能否认文化现代化的理论基础和出发点就是传统与现代化的区分。现代文化相对于传统文化来说，既是对传统文化的告别，又是对传统文化的回归；告别与回归，你中有我，我中有你，二者相互交融，不能完全区分开来。研究文化现代化的问题，就避不开传统文化与现代文化的关系问题。如果不对传统文化的秩序产生怀疑，进行否定，那么文化现代化就无法开始。观念的革新通常要早于制度的革新，现代化发生的标志最早是在文化领域，最终完成的标志也会体现在文化领域。物质的现代化、制度的现代化最终都要落实到人的现代化上，体现在整体文化形态的更新换代上。

第二章　多元文化与高校英语教学

第一节　高校英语教学中的跨文化教学

伴随世界各国与地区之间政治、经济、外交等领域的合作与多元文化的发展，国家和社会对新时代外语人才的需求发生了变化，因此我国高校英语教学的目标也发生了变化。当前，培养和提高高校学生对多元民族文化的认知与理解能力，进而建构其跨文化交际的能力，规避其在跨文化交际实践中可能产生的矛盾与冲突，已经成为当今高校英语教学的重要教学目标。在当今外语学界，人们在判断一个人外语能力的高低时，除了要看其对基础语言知识的掌握情况外，还要看其所具有的对多元民族文化的认知、感受、理解和接受能力，以及其所具备的跨文化交际能力。为了实现上述教学目标，高校英语教学借鉴了跨文化交际学的学科理论。正是因为跨文化交际学的引入，使高校英语教学进入一个新的发展阶段。现如今，高校英语跨文化教学已发展成教育学界的一个具有时代意义的课题。同传统高校英语教学不同的是，高校英语跨文化教学强调了英语学习的交际性与实用性。

一、跨文化教学的发展

文化因素在很久之前的外语教学中就已经出现，只不过当时的人们更注重学习词汇和语法知识。文化知识在整个教学计划中所占的比例和地位较低，因此没有引起人们的注意，也就是说，在外语教学过程中的无意识的跨文化教学实际上已拥有一定的历史，只不过由于国家教学环境、教学制度的差异，世界各国、各地区的外语教学才呈现出不同的特点，外语教学中跨文化教学的理念与模式也体现出不同的民族特征。与此同时，在大部分国家和地区的外语教学中，跨文化教学的发展历程是基本相同的，这一特征也在很大程度上反映出国际交流与合作对世界各国教育事业发展的影响，即多元文化背景下的教育发展呈现出趋同的特点。

通过对外语教学发展历程一个多世纪的观察和研究，我们可以发现，世界各国、各地区的跨文化教学都经历了以下三个发展阶段。

第一阶段：20 世纪五六十年代，世界各国、各地区的跨文化教学以外语文学作品的阅读与赏析为主，学生通过文学作品中的一些介绍和描述能掌握一部分外语文化信息；此外，外语文化中的著名历史人物和重要事件作为广义的文化被编入外语学习教材。从 20 世纪 60 年代末开始，伴随听说教学法和视听教学法在欧美国家、地区的普及和应用，文化因素成为促进外语词汇学习的重要影响因素。

第二阶段：20 世纪七八十年代，交际教学法开始将外语文化知识明确纳入教学内容体系，广大外语教学工作者一致认为提高学习者外语交际能力的有效途径是提高学习者的社会语言能力和文化能力，此时的跨文化教学以狭义的文化为主要教学内容。教师在教学过程中需要特别注意那些容易造成交际失误的文化差异的教学。很显然，此阶段的跨文化教学与之前相比有了明显的进步，但跨文化教学仍是语言教学的附属部分，不能独立构成一个体系。

第三阶段：20 世纪 90 年代以后，跨文化教学开始变得和语言教学一样重要，并且教学功能得以拓展。跨文化教学不仅能辅助语言教学，帮助学习者提升语言知识和技能，还能帮助学习者在接触目的语文化之后，对比母语文化和目的语文化的异同，从而更新自己以往的观念和认知，树立跨文化交际的意识。由此可见，这一阶段的跨文化教学在上一阶段的基础上进行了创新。教师不再只专注于文化知识的教学，还开始关注学生在文化情感和文化意识上的成长。

纵观外语教学中跨文化教学的发展历程，我们可以看到跨文化教学的重心发生了两次明显的改变，第一次是从对阅读能力的培养和训练发展为对交际能力的培养和训练，第二次是从对交际能力的关注与培养发展为对跨文化交际能力的关注与培养的进一步提升。可以说，无论是欧美发达国家，还是亚非发展中国家，其外语教学中的跨文化教学都经历了上述三个发展阶段。外语教学中跨文化教学的发展过程充分印证了一个事实，那就是外语教学的发展会随着时代与社会发展需求的变化而变化。外语人才跨文化交际能力概念的提出，将跨文化交际学科与外语教学的理论与实践紧密地结合在一起，使这两个原本相对独立的学科有了联系。

二、跨文化教学的必要性

每一种语言都是社会群体用来交际的工具，都承载着某一社会群体的文化。社会群体成员会按照自己民族文化的发展模式运用和开发语言。语言不仅仅是在特定区域内人们使用的简单的语音符号和书写符号，还能反映该语言使用群体的思维模式、生产方式和风土人情。在跨文化交际的情境中，交际双方只有对其他社会文化具有一定的认知和正确的理解，才能保证交际活动的有效性，才能避免因文化差异导致的沟通问题和交际障碍，进而实现跨文化交际的目的。因此，高校在英语教学活动开展的过程中融入跨文化教学的知识和内容是非常必要的。如图 2–1 所示，开展跨文化教学的必要性主要包括五个方面的内容。

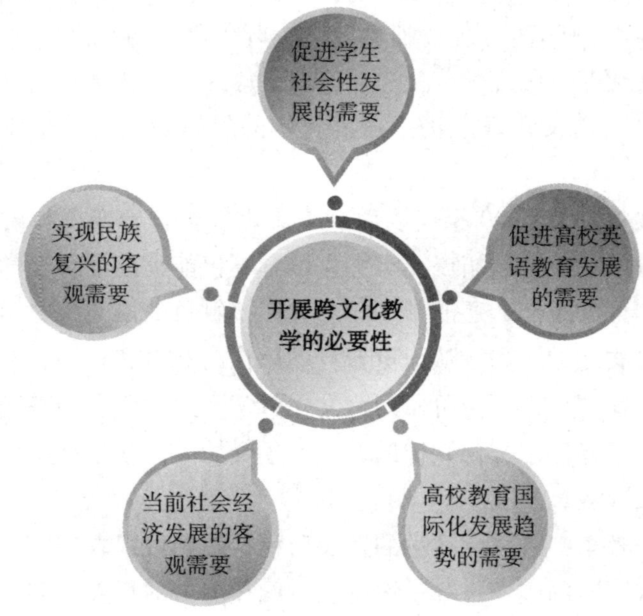

图 2–1　开展跨文化教学的必要性

（一）促进学生社会性发展的需要

每个人都具有社会属性，其生存和发展都离不开社会；每个人都要在社会中扮演一定的角色，并承担起该角色身上的责任。因此，每个人都和社会具有相互联系、相互依赖、共同发展的关系。任何一个人想要生存，想要进

步，想要适应这个社会的发展，获得更好的生活，实现自我提升，都必须进行学习。而个体的学习是无止境的，因为社会的各个组成部分和发展因素影响着其生存和发展。基于以上分析，教师有责任也有义务引导学生通过不断的学习来认知和了解这个社会的真实情况，尤其对那些与学生的日常学习、生活乃至工作息息相关的社会现象，更应引导学生进行必要的认知和理解。这是一种能在短时间内高效率地丰富学生的人生阅历和生活经验的有效途径，能快速地丰富他们的知识储备，提高他们的认知能力和自我分析能力，丰富他们的情感。

有了对社会的正确认知，学生才能构建起正确的行为体系和思想体系，才能规范自身的行为，树立正确的世界观、人生观和价值观。对于高校学生来说，高校学习阶段是促进其社会性发展，培养其社会认知能力的关键时期。这主要是因为对于当代高校学生来说，当前的社会现象和社会交往关系十分复杂。在义务教育阶段，他们可能不会感受到这些现象和关系，但进入高校后，他们就能以成年人的身份参与社会活动，与各种类型的人交往。由于交往方式和交往对象的多样化和复杂化，他们需要接受有关交际能力方面的教育。因此，高校通过开展跨文化交际教学来培养学生与社会不同人群或不同语言群体进行沟通与交流时应具有的态度、意识和能力，并且从社会各个层面的需要出发，培养学生的团队意识和合作能力，帮助学生提高自己的文化素养和跨文化交际能力，这对于他们更好地了解社会、融入社会，紧跟时代发展的步伐和社会发展的需要以及提升个人素质来说，都具有现实意义。由此可见，发展高校英语跨文化教学，有助于实现高校学生社会化的培养目标。高校英语跨文化教学的最终目的，不仅仅是提升高校学生的知识储备和文化素养，更是帮助他们树立正确的理想和信念，培养他们尊重差异、追求平等、勇敢自信、乐于合作的观念和意识，激发他们潜在的能力，发掘他们的聪明才智。

数不清的教学案例已经证明了在高校英语教学过程中开展跨文化交际教学的重要性，因此，外语教学与跨文化交际教学的融合不是一个没有实际意义的尝试。而且，时代的发展与社会的进步也为想要参加跨文化交际活动的人才提供了更多的机会和平台。如我国许多高校与国际名校合作办学，出国留学的名额越来越多。因此，高校英语教学工作者在开展的英语教学活动中，需要更加关注和重视语言教学与跨文化教学的融合，采用各种方法来培养学生对不同民族文化的认同感和包容性，帮助他们树立面对异域文化时应有的文化意识和包容心态。这是高校学生离开校园、步入社会、实现自我发展的一项基本能力，也是促进不同民族文化之间交流、合作与共赢，实现和谐发展、共同发展的一个基本途径，除此之外，还能够帮助高校学生在参与社会主义建设的同时，实现个人的职业理想与规划。

（二）促进高校英语教育发展的需要

当前高校英语教学的目标是培养和提高学生的英语综合应用能力。英语综合应用能力不仅包括基础的听、说、读、写、译五个方面的能力，还包括在特定交际情境下用英语展开跨文化交际的能力。这主要是因为来自不同民族文化的个体在开展跨文化交际的过程中，经常会因为双方文化的差异影响交际的效果，因为难以避免因文化碰撞而引发的误会。根据对实际跨文化交际行为的研究和分析可知，在不同民族文化的交流过程中，因为文化差异而导致的交际障碍要比因为语音、语法失误导致的交际障碍严重得多。由于交际双方语音不标准或语法不正确导致的最坏的结果就是词不达意，即对方无法理解说话者真正想要表达的意思，而由于交际双方文化认知和理解问题的差异性而导致的误会，很容易上升到涉及民族尊严的高度，可能会让对方误以为说话者不尊重自己的民族文化，甚至会引发敌意。

如果想要在跨文化的沟通与交流过程中尽量避免出现文化信息的误解或文化冲突的现象，减少沟通与交流过程中不同民族文化背景下交际双方之间的摩擦，那么就需要保证参与交际的人员具备一定的跨文化交际素养与跨文化交际能力，对交际对方的文化传统和文化禁忌有一定的认知和理解，只有这样才能实现跨文化交际的目的。因此，在高校英语教学的过程中，有效融入有关英语国家民族文化知识的内容是十分必要的。将英语教学与英语国家民族文化的教学有机地融合在一起，能够帮助学生掌握英语知识和技能，增加学生对英语国家民族文化知识的积累，提高学生对大千世界的认知，培养学生正确的民族思想观念。所以，上述观点和做法已经成为当前高校英语教学界不容置疑的共识。

（三）高校教育国际化发展趋势的需要

伴随全球经济一体化、文化多元化的发展，世界各国高校教育的发展趋势也受到了影响。在当今时代，树立高等教育的国际化意识，提升高等教育

的国际化水平，已成为世界性高等院校办学的理念基础。由此可见，在高校外语教学过程中融入跨文化教学是我国高校国际化办学发展的方向。外语跨文化教学在我国高校的实施和普及，对于我国创新办学理念，尽快融入世界高校办学的时代潮流具有积极的推动作用。通过开展外语跨文化教学，我们可以学习和借鉴西方先进的办学理念和教学模式，从更加客观的视角出发，研究和分析我国的高等教育和外语教育，并能够以国际化的眼光观察和分析全球范围内存在的问题，从而在检验理论的过程中，结合中国教育教学的现状，找到中国本土办学、教学与世界办学、教学成功经验的结合点，以更好地把握国际主流意识的发展，在办学、教学的过程中进行创新，并在改革创新的过程中保持自己的特色，从而推动我国高等教育事业的发展。

伴随着时代的发展和文化多元化的推进，高校办学也呈现出新的发展态势。国内很多高校都在寻求同国外高校甚至世界名校合作办学的机遇，中外合作办学正开展得如火如荼，且还在不断地升级中。在中外合作办学的过程中，无论是高校本身还是参与办学项目的教师、学生，都面临着多元化的办学背景，尤其是参与办学项目的外国教师和学生都来自不同的国家和民族，他们的思维方式、社交礼仪、风俗习惯等，与我们都有很大的差异。在这种办学理念和办学氛围中成长的学生肯定会受到多元文化思维的影响，从而树立起跨文化交际的意识，形成平等、开放、包容的文化理念和文化思想。由此可见，在中外合作办学这一教学模式中开展跨文化教学具有深远的现实意义，有利于高校英语跨文化教学的发展与进步。这主要有以下两点原因：一是在经济全球化与文化多元化发展的时代背景下，我国高等院校人才培养事业需要满足的不仅仅是国内市场对国际化人才的需求，还有在全球化进程中国际市场对我国专业人才的需求。也就是说，全球市场需要具备跨文化交际能力和综合文化素质的人才，这种需求不再局限于某一民族或某一时段的需要。因此，世界各国、各地区的高等教育都需要创新教育理念，开展教育改革，以适应国际市场人才需求发展的趋势。所以，我国的高等院校也要立足于国际化的视角开展跨文化教学。二是中外合作办学的教学模式以平等互利、共同发展、相互学习为办学基础，符合跨文化教学开展的要求，并且跨文化教学已经被一些经济开放型国家作为辅助开展国际交流与国际合作的必要方式和手段。

在经济全球化的浪潮中，世界各国和地区的商品、信息、服务乃至人员呈现自由流动和跨国开放的发展趋势，这种发展趋势促使高校英语教学成为全球化进程中增强不同民族文化之间沟通、交流、理解与合作的有效方法。在多元化办学模式的影响下，各大高校都在革新自己的办学、教学模式，通过结合“走出去”和“引进来”两种办学模式来提高自身在教育国际化发展态势中的竞争力。越来越多的高等院校已经清楚地认识到，未来社会发展需要的高校人才应该是具有跨文化交际意识和能力，能够适应国际化发展趋势的人才，基于这一人才类型的教学目标必然会促进高校英语跨文化教学的发展，从而充分发挥跨文化教学促进高校教育工作开展的作用。

英语作为全球通用的国际化语言，可以说是全世界先进科技成果和文化成果的十分重要的载体和传播方式。例如，无论是谁，来自哪个国家，如果想让自己的研究成果被更多的人了解和认可，那么他通常需要学会用英语表达自己的观点，记录自己的科学发现和研究成果，只有这样，才能获得国际性学术交流与探讨的机会，才能使自己的研究迈出国门、走向世界。从事科学技术研究的工作者是这样，从事教育行业的工作者也不例外。否则，我们的教育教学工作就无法融入国际学术的研究领域，也无法得到国际同行的支持和认可。因为这不只是一种外在的、表面的交际形式，更是一种学术思想、一种教学理念的沟通与融合。英语是我们参加国际交流必不可少的重要工具，我们在学习英语的同时，不能忽视对英语文化的学习，因为英语只是一种用于表达和沟通的交际工具，英语文化才是使用者思想的载体，才是双方交流的内核。

以上论述也证实了在高校英语教学过程中强化跨文化教学的必要性。只有做好跨文化教学工作，才能使承载着思想与文化的英语语言在国际交流与合作的过程中发挥其应有的媒介作用，才能使来自不同国家、不同民族的思想文化在语言的交流中得以相互融合、沟通和学习，从而真正发挥出语言的传播与交际功能，进而推动我国文化、科技、教育等领域的国际性交流与合作。

根据跨文化交际实践活动的经验教训，高校英语教学中的跨文化教学应尽量多地使用比较研究的方法开展教学，通过这种方法增强不同学科内容之间的交叉与融合，使学生不仅能掌握基础语言知识，还能了解人文学科的相关知识，使高校各学科之间能够加强相互沟通与交流合作，以达到最好的教学效果。

基于以上分析，笔者认为，无论是我国的教育管理部门，还是各大高等院校，都应该对跨文化教学给予足够的关注与支持，使各大高校培养出来的人才既能充分了解和掌握跨文化交际活动中对方语言文化的背景，减少因为文化差异而产生的误解与冲突，又能对本民族的语言文化具有深刻的认识和理解，并且能够使用英语这一国际化的语言向世界其他国家和民族介绍本民族的语言和文化，使世界各国、各地区的社会群体都能接触和认识本民族的优秀文化。这才是我们开展跨文化教学的最终目的。在此基础上，各大高校还肩负着另外一项教学任务，那就是在开展跨文化教学的过程中引导学生通过不同文化之间的交流与对比发现文化的差异性，在尊重和接受文化差异性的同时冲破差异性的障碍，认识到表面差异性背后存在的语言共同规律。只有认识和感悟不同语言与文化背后存在的一致性的本质和规律，才能够真正掌握这门语言及了解其背后的文化。这样的教育方法才能培养出在激烈的国际化人才竞争中脱颖而出的、具有创新思维和创新能力的人才，也只有这样的人才才能在新的世界格局中发挥其跨文化交流的作用。

（四）当前社会经济发展的客观需要

伴随我国各个行业领域改革力度的不断加大和经济的飞速发展，我国各行各业国际化的交流与合作事项也逐渐增多。因此，我国社会经济的发展需要大量掌握英语基础应用知识和跨文化交际能力的人才参与国际交流与合作项目，从而开展越来越多有价值、有意义的国际性合作事务，进一步增强我国与其他国家、民族的经济联系，满足我国社会经济发展的需求。

当然，满足这种经济发展需求的国际型人才，不仅需要具备出色的英语语言表达能力、理解能力和沟通能力，还需要具备国际化、现代化的文化意识和交际思维，对其他国家、民族的文化与历史、传统与现代、日常交往礼仪和交际原则都有一定的了解。跨文化交际能力是一种应用于跨文化交往过程中的能力，由于交往是交际双方双向互动的行为，因此，跨文化交际能力也应是一种双向的沟通与交流的能力。这就要求我们培养出来的跨文化交际人才不仅对英语民族交际对象的语言文化有较为客观的认识与理解，更要对汉语语言文化知识和我国历史及传统文化有着深入的理解和掌握，只有这样才能在跨文化交际的实践过程中有效传递本民族的文化信息，才能在潜移默化中传播本民族的优秀传统文化，满足交际对方对本民族文化的认知需求和双方的交际需求。

（五）实现民族复兴的客观需要

多年以来，我们一直致力于通过改革开放和发展经济来实现中华民族的伟大复兴。然而事实证明，要想全方位地实现中华民族的伟大复兴，构筑自强不息、厚德载物的民族精神，开展高校英语教学是其中必不可少的方法与途径。因为在当今世界各国、各地区通行的英语语言是实现中华民族通往国际化发展道路的桥梁，人们参加国际性的活动与事务，一般都离不开英语这一沟通与交流的工具。但是，在学习英语语言和文化的过程中，必须要认识西方文化对中国现代文化发展的巨大影响，尤其要对西方文化在传播过程中形成的垄断地位具有明确的判断。我们不仅要做到有坚定的社会主义信仰，还要做到学习本民族的优秀历史文化，博古通今，同时对西方文化进行选择性的学习与吸收，将西方文化与中国文化融会贯通，构建符合社会主义现代化发展要求的文化意识体系，充分利用英语语言知识发展中国的经济、科技、文化、教育等事业。

基于以上分析，高校英语跨文化教学工作的开展任重而道远。高校英语跨文化教学要培养具有跨文化交际意识和能力的人才，不仅要在学科内制定新的教学目标，选择合适的教学内容，还要与其他相关学科一起，教授学生本民族的语言文化知识，让学生在掌握母语文化知识的同时，了解两种语言文化知识的差异，进而进行辨别与分析，构建科学合理的、独具民族特色的文化知识体系，树立文化平等、文化包容的意识。因此，在当前的时代背景下，选择在高校英语教学过程中实施跨文化教学是一个意义重大、影响深远的决定。

三、跨文化教学在不同国家和地区的发展

（一）美国的跨文化教学

20 世纪 60 年代，美国的经济发展势态良好，人民生活十分富足，因此人们在闲暇之余开始热衷于户外活动和旅游，全国各地都掀起出国旅游的热潮。美国政府借机开始派遣一些学者到世界各地。这些被派往世界各地的人员，都十分迫切地学习当地的民族语言和民族文化，并训练自己的跨文化交际能力。为了满足这些人员的学习需求，美国社会上成立了很多语言类的培训机构，这些培训机构对一些需要出国工作的人员进行了专业的语言培训和民族文化知识培训，并设置了有关跨文化交际的课程，对这些人员进行跨文

化交际能力的训练，跨文化交际学由此诞生。

与此同时，美国的外语教学界也开始关注文化教学。1960 年，美国东北部外语教学第一次会议召开，会议的主要议题就是语言文化教学。该会议的研究成果《语言学习中的文化》在会议结束后得以出版发行。随后在 1972 年和 1988 年，美国东北部外语教学的第二次会议和第三次会议相继召开，会议讨论的主题依旧是语言文化教学。在第三次会议上，学者们专门就以下两个问题进行了讨论：一是如何将文化教学内容融入外语课堂教学，二是如何将文化教学与语言教学融为一体。会议还宣读了当时已取得的关于外语文化教学的研究成果。

美国教育部还设置了一个专门用来研究语言教学的机构——语言习得高级研究中心来研究语言文化教学的试行与发展。20 世纪 90 年代，语言习得高级研究中心举办了多次主题为“以文化为核心进行语言课程改革”的会议，并承接了多次以跨文化交际为主题的科学研究项目，积累了丰富的理论与实践经验。美国语言习得高级研究中心的这些研究成果推动了美国外语教学中跨文化教学的改革与创新。美国教育部为了适应当时社会发展的需求，在这些研究成果的基础上开展全国范围内的外语教学改革活动，活动中对外语教学大纲、外语教学目标以及文化教学在外语教学中的地位、重要性等进行了明确的规定。这些规定将外语文化教学以国家文件的形式固定下来，对于外语教学活动的开展具有很大的影响。新制定的教学大纲总结和推广了文化教学的研究成果，促进了文化教学的深入发展。随后，在新的教学大纲的指导下，美国各个州的教育管理部门开始着手修改自己的教学大纲，并在外语教学实践中加入文化教学的内容，贯彻了文化教学的原则。自此，跨文化交际和跨文化外语教学成为整个美国教育学界的研究重点。这种研究趋势还逐渐传播到欧洲的许多国家，外语语言文化教学自此翻开了新的篇章。

美国组织成立了关注外语文化教学以及跨文化交际培训两个发展研究方向的阵营。这两大阵营之间相互帮助、相互沟通、相互合作，为美国外语文化教学事业的发展做出了突出的贡献。外语文化教学与跨文化交际的结合有效激发了学生学习外语的积极性和主动性，跨文化交际培训在外语教学中的施行将其他民族的文化介绍给学生，开阔了学生的视野，使学生进一步了解文化的多元性和不同文化之间的异同。在参加外语跨文化教学以及跨文化交际相关的培训之后，学习者就能逐渐克服原来自身所持有的民族文化中心主义思想，改变自己原有的对其他民族文化存在的错误认识和偏见，最终形成对其他民族文化较为客观、全面的认知和理解。

（二）欧洲的跨文化教学

外语教学中的语言文化教学在欧洲各个国家的发展过程中各有特点。这主要是因为欧洲的国家众多，且不同国家的文化历史和社会发展情况不同。第二次世界大战结束后，欧洲各国外语教学工作的开展受美国外语教学“听说法”的影响较大。欧洲众多的语言学校纷纷将外语语言知识与技能的传授当作主要的教学内容。跨文化教学则被作为一门单独设置的课程独立于语言教学之外。也就是说，外语教学与跨文化教学是两种完全不同的课程，两种课程之间没有交集，跨文化教学独立存在于语言教学之外，不属于语言教学的有机组成部分；跨文化被视为独立的知识体系，语言和文化是相互独立的两个整体。

从 20 世纪 70 年代开始，欧洲地区的语言教学与跨文化教学进入一个新的发展阶段，这种变化同欧洲各国、各地区之间政治、经济局势的发展有着密不可分的关系。从 20 世纪 70 年代到 20 世纪 90 年代，欧盟成员国的数量先后增长了四次。随着欧洲各国、各地区在政治、经济、外交等领域合作与交流的增长，整个欧洲地区的发展形势也发生了改变。因此，各个国家都需要具有优秀跨文化交际能力的人才同其他国家、地区进行沟通与交流，以增进彼此之间的了解，促进彼此之间的合作。所以，培养具有出色跨文化交际能力人才的艰巨任务就落到欧洲各国外语教学部门的身上。

通过外语教学专家的研究与试验，交际教学法迎合着欧洲各国的发展期望诞生了。事实证明，众多欧洲外语教学工作者充分发挥了交际教学法在培养跨文化交际型人才过程中的重要作用，使交际教学法在很大程度上满足了欧洲各国、各地区对于跨文化交际人才的需求。但此时的交际教学法还没有将外语教学和跨文化教学很好地融合在一起，这一点并不利于跨文化交际人才的培养。对于外语教学过程的设计和在外语教学活动中开展如何将语言教学与跨文化教学科学有效地融合在一起的相关研究还存在很多不足。

基于以上发展情况，从 20 世纪 80 年代开始，欧洲各国、各地区开展了一系列外语教学改革以及跨文化教学的研究。很多欧洲国家开始改变以往跨文化教学与语言教学相互独立或简单相加的传统教学模式，通过各种创新改革促进跨文化教学的发展。例如，在外语课程教学中或其他科目的课程教学

中增加一些与语言相关的社会文化教学内容。经过一段时间的探索，在众多外语教学工作者和研究人员的努力下，欧洲各国的外语教学探索出了新的跨文化教学的模式和学习方法，外语教学界的相关学者还把这些教学模式、学习方式整理归纳成教学论文集供大家学习、研究。

除此之外，从 1989 年到 1996 年，欧洲各国和地区还实行了一项名为"欧洲公民语言学习计划"的项目。该项目以提升欧洲外语学习者的社会文化能力和跨文化交际能力为目的，由来自英国和法国的专家学者共同开发承担。为了研究该项目的实施途径和具体操作方法，他们还组织了来自欧洲不同国家的语言文化学者，就外语教学过程中社会文化因素的应用与融合这一选题，开展了深入的研究与探讨，并将各个国家不同学者提出的外语跨文化教学的方法应用于教学实践中，检验了这些方法的可行性。在他们的努力下，欧洲的外语跨文化教学研究取得了丰硕的成果，为"欧洲公民语言学习计划"的实施奠定了基础，提供了方法。与此同时，由这些专家学者撰写的有关外语跨文化教学的论文和著作也为他们在外语教学界的工作积攒了声誉，证明了他们的研究能力，奠定了他们的学术地位。

在这一项目的影响下，欧洲一些国家和地区也各自组织和举办了一些跨文化研究方面的会议，并开设了一些文化培训课程和文化补习班，从而促进了欧洲外语教师跨文化教学意识的形成，推动了跨文化教学理论与实践的发展。纵观整个欧洲地区外语教学发展的历史，跨文化教学的痕迹很早就已出现，但是，真正将跨文化教学与外语教学相融合，是近三十年才开始进行的。尽管欧洲各国跨文化教学工作的起步较晚，但现如今的发展态势却十分喜人，这主要是因为各个国家、地区之间距离相近，沟通和合作起来都比较方便。因此，可以说欧洲地区的外语跨文化教学研究取得了令人瞩目的成果，为世界其他国家和地区跨文化教学工作的开展提供了经验。

（三）中国的跨文化教学

通过对美国和欧洲地区外语跨文化教学研究发展历程的介绍可以发现，外语教学中跨文化教学活动的开展受国家政治文化因素的影响较大。任何一个国家的外语跨文化教学都必须符合该国的政治文化发展趋势。相比较于欧美各国外语教学中的跨文化教学研究，我国的跨文化教学研究还有很大的进步空间。

我国外语跨文化教学的研究起步较晚，开始于 20 世纪 80 年代，当时我们对跨文化教学的认识和理解还不够深刻，在很大程度上影响了外语跨文化教学在我国的开展。例如，对于外来文化的引进和学习，学习者在学习英语国家文化的过程中，只是接触和学习了其民族文化正确和优秀的部分，其错误和糟粕部分的学习与认知则完全规避掉了，这样学习的结果就是，学习者无法对英语国家的民族文化有一个全面且清晰的认识，甚至会影响学习者学习该语言与文化的兴趣，降低他们学习的积极性。从语言应用于实践的角度分析，这种学习方式也不利于培养学习者的跨文化交际能力。因为从学校教材中学到的跨文化理论知识同真正的英语语言文化知识之间还存在现实差距，学习者不能全面学习和了解英语民族文化以及该语言在现实社会中的运用情况，就不能顺利开展跨文化交际实践活动，在跨文化交际活动中遇到的问题也就得不到有效的解决。

20 世纪 80 年代，由于我国的外语跨文化教学研究还处于萌芽阶段，因此，当时的高校英语教学界还没有建成系统的用于指导跨文化教学的理论体系，在跨文化教学方法的选择与设计上也没有一个专业的标准；教学管理部门也没有制定出跨文化教学的教学大纲和相应的英语跨文化教学的教材。基于以上背景，我国外语跨文化教学活动的开展受到了限制。如何在外语教学中融入跨文化教学，跨文化教学应包括哪些方面的内容，这些教学问题完全由教师个人解决。教师可以凭借自己对英语文化的了解和兴趣爱好，向学生介绍英语民族的历史文化知识或组织相关的文化活动，这些教学活动都是根据教师的个人兴趣和计划开展的，因而具有随机性，不成体系，从严格意义上来说，不能称为正式的外语跨文化教学。

到了 20 世纪 90 年代，伴随着改革开放的进一步深入，我国外语教学界也开始关注国外跨文化交际理论与方法的发展，外语教学界的学者和相关工作人员开始进行外语跨文化教学的学术研究。通过引进和学习欧美等国家、地区关于跨文化教学的研究成果，我国的语言学家、应用语言学家、外语教育专家以及对外汉语教师，很快认识到跨文化教学在外语教学中的重要作用。因此，我国的语言学家、应用语言学家以及外语教育专家，开始结合中国教育的实际情况对外语教学中跨文化教学工作的开展展开研究，他们夜以继日、孜孜不倦地研究适合中国国情的跨文化教学理论和方法，付出了大量的时间和精力，也得到了相应的回报。很多语言学家、应用语言学家以及外语教育专家都将自己的研究成果以论文或者专著的形式进行发表，阐述自己

对语言、文化、交际三者之间的关系以及跨文化教学开展的方法途径。很多扎根于教学一线的高校英语教师也通过教学实践验证了跨文化教学的相关理论，探索了跨文化教学的教学方法、教学模式。

改革开放四十余年来，我国教育部以国家文件的形式制定了三十多种适用于教育各个阶段的英语教学大纲，这些教学大纲对我国英语教学工作的开展发挥了引领方向的作用，使我国的英语教学水平逐渐走向成熟。但目前这些教学大纲中还没有关于跨文化教学的相关规定，如跨文化教学的教学目标、教学内容、课程设置、测评检验等，还没有具体的规定。因此，与外语语言知识的教学相比，外语跨文化教学的发展还有很大的进步空间。我们既然设定了培养学生综合文化素养和跨文化交际能力的教学目标，就要想办法实现它，否则只是凭借教师的认识和理解去教授学生一些零散的、不成系统的英语国家的文化知识内容，组织一些特别简易的课堂教学活动，是达不成英语教学的目的的。采取这种英语教学模式导致的最常见的结果就是，我们教出来的学生都具有较丰富的语言知识储备，也掌握了很多语言表达的技巧，但在实际的跨文化交际活动中，他们的文化感知能力和跨文化交际能力却无法与其所具有的英语语言知识和技能相匹配，导致这些知识和技能无用武之地。

就我国当前英语教学工作的开展情况来说，是否有必要在英语教学过程中加入跨文化教学的内容，以及对英语教学和跨文化教学是应该分成两个相互独立的部分进行研究，还是应该融合在一起进行研究的争论已经是过去式，没有讨论的意义了。随着时代的发展和社会的进步，现在教学工作的重点是如何将跨文化教学更好地融入英语教学中。放眼整个外语教学界，不同的学者有着不同的看法，新的观点、方法乃至争论相继出现，众说纷纭。通过对这些看法和争论的归类、整理和分析，我们可以发现学界关注的焦点问题主要有以下四个。

其一，适合中国国情和教育发展现状的跨文化教学的内容主要有哪些。

其二，为促进我国高校英语教学工作的开展，我们需要建构起一套完整、科学又具有实践意义的外语跨文化教学的理论体系，这就涉及理论的选择和理论体系的构建问题。

其三，运用什么样的教学方法才能将英语教学中的基础知识教学、技能教学和跨文化教学有机地融合在一起，使学习者在掌握知识和技能的同时，也能够有效掌握英语国家文化的相关内容。

其四，如何选择和设计跨文化交际教学的模式，才能符合中国当下的国情和教育发展情况，并能够在较短的时间内看到教学效果。

第二节　多元文化对高校英语教学的影响

一、多元文化对教育发展的影响

多元文化理念在世界范围内的普及，对教育事业的发展产生了重要影响。多元文化对教育发展的影响表现在以下几个方面。

（一）从一元化到多元化

纵观人类文化发展史，可以发现人类文化经历了由一元隔阂、多元并存再到多元互动的发展过程。而人类教育事业受到政治、经济、文化发展的深刻影响，也呈现出多元化的发展趋势。这意味着在多元文化的影响下，当前教育肩负着新的责任，需要应对四个新的挑战。

其一，教育需要发展成帮助学生树立正确文化意识，引导学生认知、理解和尊重其他民族文化，促进各种文化平等交流的重要手段。

其二，教育需要承担起培养学生具有宽容、理解、倾听、欣赏、尊重等重要思想文化品质的责任。

其三，教育还应当能够培养学生和平相处的国际意识，进而推动世界的稳定与发展。

其四，教育不仅要宣传历史与传统对于发展现代文化的重要性，还要致力于对文化过程性与变化性的理解与把握，提升学生对民族文化的认同感。

针对以上挑战，多元文化教育设计和制作了相应的教学计划、教学课程和教学活动来培养学生尊重文化多样性的意识以及理解不同文化的能力。多元文化教育能够促进文化的传播与交流，增强学生对不同文化的理解，减少文化之间的排斥与冲突，使学生具备掌握自身民族文化、了解其他民族文化、鉴赏世界性文化的能力。

从 1995 年起，联合国教科文组织在其召开的一系列国际教育大会上，曾多次承认世界上多元文化的存在，并表示会尊重每个民族的文化，呼吁各个民族保护好自己的传统文化，重视传承与创新，这些都表现出国际社会对多元文化教育的关注。世界各国、各地区都在开展多元文化教育，且所创建的多元文化教育系统及其实践活动各具特点，为我国开展多元文化教育、施行教育创新提供了案例和资源。如果我们能充分利用这部分资源，不仅能丰富当前教学的内容，还能提高学习者学习的兴趣。总而言之，我国的多元文化教育应当从多种文化中汲取养分、吸收经验，使学习者了解世界上其他文化的特点与魅力，为多元文化的共存与发展做出努力。

（二）从相互隔离到相互理解

当今世界，伴随着信息技术和交通运输业的发展，很多国家和地区由原来封闭、半封闭的状态转变为半开放、完全开放的状态，由地区内部自给自足的经济发展模式转变为全球化的经济发展模式。“文化孤岛”已经无法适应当今时代发展的进步需求，文化的多元化、包容性才是文化发展的趋势。与此同时，网络信息技术的发展为人与人之间的沟通与交流创造了便捷的条件，不同民族、不同群体之间的交流也越来越频繁，不同文化之间的关系也从相互疏远发展到相互靠近，从相互孤立发展到相互依赖，从相互不理解发展到相互理解、相互尊重。教育的发展建立在文化发展、进步的基础上，因而在多元文化影响下的教育也是从相互隔离发展到相互理解的状态。不同的国家、民族的文化教育都有其独特的教育内容和教育方式，在开展文化交流之前，人们可能无法理解其他国家和民族的文化教育发展情况，甚至产生怀疑，但伴随着文化的沟通与交流，人们开始理解其他国家和地区的文化教育政策和教育方法，并且能够借鉴它们的教育理念和教育经验。

总而言之，这种全球范围内的文化发展格局及其所带来的其他民族的文化体验，以及对本民族文化的反思，引导着人们从更高、更新、更全面的视角去理解其他民族的文化教育，进而去思考本民族文化教育的目标和模式，并构建新的多元文化教育教学体系。

（三）从封闭式到开放式

纵观世界各国、各地区的教育政策及发展历程，可以看出以往人们为了冲破文化藩篱、解决文化冲突而做出的尝试和努力。世界范围内的教育政策的发展大致可分为三个阶段：第一阶段，教育政策的主要特征是以民族主义为中心，强调自身民族文化的优越性，并试图吸收和融合其他民族的文化，在文化教育方面坚持文化普世的理念；第二阶段，教育政策随着时代的发展发生了变化，其主要特征体现为不再强调自身文化的独特性，承认所有文化的现实存在和平等地位，在此基础上展开多元文化教育；第三阶段，教育政策在民族文化多元的基础上又有了新的变化，其主要特征表现为民族文化之间的互动，这是一种符合世界文化发展规律的，能促进各民族文化相互影响、相互吸收、相互借鉴的教育发展趋势，是教育从封闭式到开放式发展的标志。

多元文化教育的发展历程反映了世界各民族文化发展的历史进程以及当代民族文化之间和谐共处、平等交流的趋势。这是一个从地区性教育活动发展到全球性教育活动的演变过程，也是教育由文化静态取向发展为文化动态取向的转变过程。这一过程的变化要求人们重新思考和确立主流文化教育的教育动机和最终追求，发现并改进教育中的不足之处，进而满足多元文化的教育需求，保证学生能树立文化平等的意识，发展其参与文化交流的能力。换言之，随着当今世界经济全球化进程的不断加快，不同文化之间接触和交流的机会越来越多，由于不同民族文化所具有的敏感性、独特性的特征，人们需要从一个更宽容、更科学、更平等的角度来看待和分析文化，需要从一个新的多元的视角来看待和创新教育，从而培养出具有民主思想和自由平等观念的世界公民。

多元文化教育提倡跨越不同地区和文化之间的差异，正视由文化自身的张力引起的不同文化之间的交流、碰撞与冲突，因为这种张力也是文化多元化发展的动力。多元文化教育的开展以不同文化之间的相互尊重、相互理解和平等对话为基础，注重文化之间的沟通与互动；多元文化教育能够培养出拥有正确文化意识和跨文化交际能力的新型国际人才，推动世界文化的进步和世界各国、各地区之间的和平共处。实践证明，人类只有不断开阔自己的视野，认识和了解不同民族在不同历史时期相互交往、相互沟通的事实，才能理解多元文化对人类历史的重大作用；人类只有具备面向全世界的开放心态和包容心态以及跨文化适应力，才能进一步促进全球范围内各民族的和谐共处和共同发展。

二、多元文化对高校英语教学的影响

多元文化对高校英语教学的影响突出体现在以下几个方面：一是多元文化对英语教学目标的影响，二是多元文化对英语教学原则和英语课程设置的影响，三是多元文化对英语教学方法的影响，四是多元文化对英语教师角色

定位及素养提升方面的影响。此处主要介绍多元文化对英语课程设置的影响，多元文化对英语教学目标、教学原则、教学方法、英语教师角色定位及素养提升方面的影响将在本书的第五章和第七章进行详细介绍。

多元文化对英语课程设置的影响突出体现在英语课程的目标设置和英语课程的价值选择两个方面。

（一）高校英语课程的目标设置

当前，高校英语教学的开展既要传授给学生基础的英语语言知识，又要培养学生听、说、读、写、译的英语语言技能；既要介绍英语语言背后的文化知识，又要培养学生跨文化交际的实践能力。具体来说，多元文化思想和理念指导下的高校英语课程应当设置以下四个基本目标。

1. 了解文化多样性特点

众所周知，人类社会由不同的民族团体和社会群体构成，不同的民族或社会群体创造出了不同的文化，这些文化依托不同的地域环境和历史背景产生，每一种文化都有其无法剥夺的存在理由和独一无二的存在价值。过去由于信息技术的落后和交通条件的闭塞，不同的民族或社会团体可以长期生活在特定的领域中，不与外界沟通。而现如今，随着时代的进步和科学技术的发展，世界各国、各地区之间的往来变得十分便利，世界俨然已发展成一个“地球村”。因此，不同文化群体之间相互接触、相互了解的机会也逐渐增多。实践证明，要想在与其他文化群体的接触中赢得尊重，避免文化冲突，实现平等交往、互利共赢，首先就要学会理解和尊重彼此的文化。因此，高校英语教学应当引导学生以开放的心态去面对多样化的世界，使其在面对陌生的人或事物时表现出自信、平等的态度，进而建立起多元文化的意识，了解多元文化的概念。

因此，高校英语课程的目标之一就是要引导学生认识本民族文化以外的其他文化，从而帮助学生了解世界文化的多样性，树立多元文化的意识。了解世界上存在的各种各样的文化除了能帮助学生树立多元文化的意识外，还能帮助他们了解多元文化的概念，进而开阔视野，发现多元文化背后隐藏的人性特征和人们对美好生活的追求。

2. 承认多元文化的价值

多元文化思想和理念影响下的英语课程教学，不仅要帮助学生认识世界文化的多样性、树立多元文化的意识，更重要的是使学生学会尊重和理解其他民族的文化，并承认多元文化的价值。只有这样，学生才能利用所掌握的英语语言知识和技能去探索该语言文化的形成与发展，才能真正认识到不同文化的存在对人类发展的价值，同时学会从不同角度观察和思考问题，进而增强文化平等的意识。

3. 促进本民族文化的学习

值得注意的是，我们在强调传授其他民族语言文化知识的同时，不能忽视对本民族文化的学习。这主要是因为，英语教学中的多元文化课程并不是学校课程的全部，而是以单一文化教育的存在为前提的。换句话说，没有掌握已有民族文化，也就谈不上所谓的对其他民族文化的学习，学生只有在了解和接受本民族文化的前提下，才有可能尊重并接纳其他民族的文化。因此，在多元文化思想与理念的引导下，本民族的文化课程非但不能缩减，还应继续加强。

高校学生在学习其他民族文化的同时，还要继续深入了解和掌握本民族文化，这两种文化的学习不仅不冲突，还有相互促进的作用。譬如，任何一种文化在发展过程中都有其优秀的一面，也有不完美的一面，学习其他民族的文化有助于学生进一步学习本民族的文化。在高校英语跨文化教学中，高校教育教学部门和教师要充分利用多元文化教育的优势，培养学生进一步学习和理解本民族的文化，启发学生通过文化比较对传统文化与现象进行深思。这样做的目的是引导学生深入思考本民族文化形成的原因，确立自己的价值观与行为方式，进而构建属于自己的文化知识体系。在多元文化的环境中，只有个体打破传统观念的束缚，使自己的个性得到充分且自由的发展，才有可能推动民族文化的繁荣发展，这也折射出多元文化存在的根本原因。

4. 系统学习其他民族文化

英语课程的最后一个课程目标应设置成为学生提供系统学习其他民族文化的机会，以便培养学生对不同文化的理解和尊重，并获得理解其他文化所需要的知识和技能。因为语言不仅是用来交流的工具，更是特定群体文化的载体。语言与文化相互影响、密不可分。英语语言课程作为多元文化教育的组成部分，已经在高校教育教学工作中得到了充分的重视，这一点毋庸置疑。而此处我们强调的英语多元文化课程能使我们更快、更好地完成多元文化教育的目标。具体来说，就是为学生提供系统学习英语民族文化的机会，让他们有目的、有计划地了解其他民族文化的形成、历史与发展，体会其他

民族文化的深刻内涵和价值，从而能够客观地评价该文化。

（二）高校英语课程的价值选择

多元文化理念的产生与其在教育教学领域中的应用引发了人们对一元文化课程的反思与批判。随着多元文化课程的出现，一元文化课程的不足之处体现得越来越明显，因此正逐步退出教育界。一元文化课程的不足之处主要体现在它不利于培养学生对性别角色、群体角色等方面的认同感，而且很多高校的语言学习教材并没能很好地展现本民族的文化，进而使学生产生内在的文化自卑和文化冲突，影响了学生学习的积极性与主动性，从而影响他们的学习成绩和文化意识的培养。然而，多元文化课程也不是所有的人都认可的。有些质疑的声音表示，多元文化思想对文化特殊性的过分强调，容易引导学生认为自己民族的文化才是独一无二的，对其他民族的文化则采取冷漠或者排斥的态度。

实际上，这种想法是错误的。现实情况是：一方面，多元文化的现象要求我们开展英语跨文化教学；另一方面，学生的学习精力和课程容量是有限的。因此，对于多元文化教育课程能否涵盖众多文化类型知识这一问题值得高校教育教学工作者进行讨论和思考。在此基础上，多元文化理念下的英语教学必将面临一个价值选择的问题，反过来，价值选择也会影响未来英语课程的发展方向。那么，多元文化的英语课程如何开展价值选择呢？可以参考以下几点。

1. 辩证看待一元文化与多元文化的关系

目前，学术界关于一元文化与多元文化二者孰优孰劣的争论还在继续。事实上，人们应该用辩证发展的眼光看待一元文化与多元文化二者之间的优劣。一方面，世界文化多元化的发展趋势已成定局，因此在描述和评判文化时就不适合使用单一的方法，当今时代背景下的文化交流更注重在多元文化格局中的求同存异；另一方面，多元文化理论并不能解决所有的文化问题。从方法论上讲，世界上不存在能够解决所有问题的万全之策。这就要求人们在面对一元文化与多元文化的矛盾和冲突时，保持适当的张力，不能走极端，而要看到两者之间的共同点或连接点，使其相互补充，保持文化共性与个性之间的平衡，不要逼迫自己非要选择其中一种观点并批评另一种观点。

一元文化和多元文化二者本身就反映了文化的两个方面，即文化的普遍性与特殊性。由于文化的普遍性与特殊性是同时存在的，二者又是相互影响、对立统一的关系，因此不能将一元文化与多元文化置于完全对立的状态，这种做法违背了多元文化课程设置的初衷。多元文化课程设置的目的就是在了解不同民族文化的过程中促进文化之间的相互交流与相互尊重。

2. 坚持个性化的教学指向

任何文化的发展与进步、繁荣与昌盛都是以尊重个体文化以及个体文化中个人的发展为前提条件的。因此，为促进多元文化背景下个体的成长与发展，进而推动多元文化的共同发展，高校英语多元文化课程的设置应坚持个性化的教学指向，尊重和发展每个人的个性。

多元文化课程的设置应与一元文化倡导的划一性、普遍性特征截然相反，应树立尊重个体差异、发展个体个性、培养个体责任心与使命感的多元文化观念。此处“个性”这一名词的概念不仅仅是指多元文化背景下每个人的个性特征，还指每个家庭、每个社区、每个学校、每个企业乃至每个民族、每个国家的个性。很显然，这些个性并不是孤立存在的，而是相互联系、相互影响、相互作用的，只有每个个体或者团体真正认识和了解自己的个性并进行培养，做到承担自己的责任、发挥自己的作用，才能更好地尊重他人的个性，从而形成和谐共处、平等互利的局面。基于以上分析，英语多元文化的课程必须采用新型的教学模式，改变传统教学模式中师生间“统治与被统治、控制与被控制”的关系，建立平等、民主的师生关系，并在此基础上开展以学生为中心的教学活动，促进教师与学生之间的沟通与交流。

当然，在教学过程中发展学习者的个性并不意味着放松对学生学习与成长的关注和管理，而是在尊重每位学生个性特长和兴趣爱好的基础上，充分发挥和培养他们的个性，引导学生正视自己的个性，认识自我，肯定自我，同时学会认识并尊重他人的个性。此外，高校英语教师还应经常反思英语教学的教学目标、教学内容、教学方法和教学评价标准，时刻准备根据实际教学情况的开展作出修改，保持自身锐意进取、不断学习和进步的状态。

3. 采用知识统整的方法

多元文化课程具有一元课程所不具备的一些优势。例如，一元课程往往是单一封闭的，它强调整齐划一，往往会设定相同的教学目标、教学任务、教学内容、教学形式、教学时间以及教学评价标准。这样做的结果就是磨灭了学习者丰富多样的个性，也使本应该充满乐趣的教学实践活动变得没有朝气。在多元文化的背景下，标准化和一体化已经被现实淘汰，取而代之的则

是个性化和多样化。

多元文化课程正是这种多样化与个性化特征的集合体，但多元文化课程并不是将各种文化的知识内容简单地罗列到一起，而是倡导用一种科学有效的方法，将相互联系、相互影响的各种文化的知识内容整理、融合在一起。整体的课程设置以主流文化的内容为主要组成部分，但多元文化的观点会体现在各种显性或隐性的课程中。例如，在组织学生对历史上著名的、有争议的社会问题进行讨论时，教师应该鼓励学生从多元视角进行分析和讨论；与此同时，教师还要考虑到非主流文化族群学生的文化认知、学习习惯以及学习风格等，并在课程中介绍不同文化对人类发展所做出的贡献，从而帮助学生理解非主流文化及其群体的相关知识，培养学生进行跨文化交际的能力。

第三节　多元文化对高校英语教学的启示

一、要培养学生对文化差异的学习兴趣

站在学生的角度来看，只有当学习的内容是学生感兴趣的知识或领域时，才能充分激发学生的积极性和主动性，学生才愿意花时间去学习。英语文化知识的学习也是同样的道理。与此同时，教师要让学生认识到文化与语言是相通的，文化影响着语言的形成与发展，语言也在一定程度上反映着文化的特征。因此，要想学好英语，就要学习一定的英语文化知识并了解中西方文化的差异。高校英语教师在开展多元文化教育时，应对比中西方文化的异同，培养学生对文化差异的学习兴趣，这也是一个帮助学生学习英语的有效途径。事实证明，教师只有不断改进英语教学方法，创新教学内容，使整个教学活动充满学习的乐趣，才能调动学生的兴趣，激发学生学习的热情。

高校英语教师可以通过对比教学内容与中国文化的方法培养学生对文化差异的兴趣。比较中西方文化异同的最佳途径就是通过语言认知文化、了解文化，通过所学语言知识内容进一步了解其中包含的民族文化语义。实践证明，合理地运用这种方法，可以将原本单调无趣的词义解析、语法讲解等教学内容变得生动形象，内涵丰富。对学生来说，他们不仅能在轻松愉快的氛围中学到英语语言知识，还能了解相关文化内容，最重要的是能培养学习英

语文化的兴趣，提升课堂的学习效果。

新型教学理念倡导学生是教学活动的主体，在教学活动中处于中心地位；教师是教学活动的主导，在教学活动中发挥引导作用。教学内容中的知识和技能都需要学生在理解的基础上进行吸收、应用，其中的跨文化交际能力主要依靠交际训练来培养和提高。因此，高校英语教师应根据具体的教学内容和学生的身心特点，选择灵活多变的教学方法和教学手段，帮助学生以正确的学习态度去面对学习中的问题和困难，激发学生的学习动力。同时，英语教师还要帮助学生养成良好的学习习惯，帮助他们掌握学习方法，培养他们独立学习、自主学习的能力。如果学生的学习态度良好，但只知道整天抱着教材背单词、背句子，也很难培养真正的英语交际能力。

高校英语教师要有机结合英语语言的基础知识、技能知识、文化知识和中英文化差异对比四个方面的教学内容，充分发挥文化差异对比在教学中的辅助作用和文化背景知识的积极作用，培养学生对文化差异的敏感性和兴趣，引导学生通过坚持不懈的努力和大量的实践训练活动提高驾驭英语语言的跨文化交际的能力。

二、要培养学生的跨文化意识

要培养学生的跨文化意识，首先要了解什么是跨文化意识。跨文化意识是学习者特有的思维方式、判断能力以及对文化因素的敏感性。介绍和讲解英语语言文化知识只是文化教学活动的表层内容，英语文化教学活动的重点在于培养学习者的跨文化意识，使学习者有能力、有意识地了解中西方文化的差异，能够从多种角度判断和理解这些文化内涵，最终形成自己的文化观和跨文化交际能力。跨文化交际意识作为跨文化交际研究的重要内容之一，主要是指第二语言学习者对于所学目的语文化具有较强的掌握能力、适应能力和应用能力，具体表现为学习者能够像以目的语为母语的本族人一样思考问题并做出回答，以及参与各种交际活动。在参与交际活动的过程中，学习者会受到跨文化意识的启发和指导，不会因为文化差异的影响产生不合时宜的言行。在不参与具体交际活动时，跨文化意识还能够引导学习者的学习和思考。

根据以上分析可知，跨文化意识对于学生学习英语来说十分重要，因此，高校英语教师在设计和开展教学活动的过程中必须帮助学生树立正确的跨文化意识，充分结合传统教学手段和现代化教学手段的优势，向学生介绍

一些英美国家的代表性文化，让学生能最大限度地接触英语语言文化知识。

三、要增强学生的跨文化感悟能力

多元文化对高校英语教学的另一启示就是要增强学生的跨文化感悟能力。所谓跨文化感悟能力，其实就是通过对两种文化之间差异的比较在大脑中形成的一种潜在的反应能力。这种反应能力也可以视作通过语言这一载体对语言背后的文化内容的综合理解能力。在设计和开展英语教学活动的过程中，教师应适时向学生介绍一些英美国家的文化背景知识，帮助学生认识英美等国家的独特文化，并通过与中国文化的对比，发现两种文化之间的异同，进而帮助学生理解英语的构成与使用特点，使学生能在不同的交际场景下用英语清晰地表述自己的思想，实现学生用英语在跨文化语境中顺畅交流的教学目标。

高校英语教师要想增强学生的跨文化感悟能力主要可以通过以下两种途径。

其一，英语教师可以利用课堂教学的时间和条件教授英美国家的文化知识。英语教材中就有很多典型的介绍英美国家日常生活、学习、工作、就医、旅行等话题的对话和文章，在字里行间皆能体现当地人们的生活方式、生产方式、教育方式、休闲娱乐方式，以及价值观念、思维特点、文化艺术、风俗习惯等。教师应引导学生理解和思考这些文化知识，增强学生对英美国家文化的感悟能力。

其二，高校英语教师还可以通过课堂教学以外的方式引导学生学习英美国家的文化知识。如鼓励学生在课后阅读一些英文名著并同大家分享，介绍其中一些经典选段，带大家了解英美文化；又如，英语教师可带领学生听一些英美国家的新闻广播，既能学习地道的英文表达，又能了解英美国家的时事新闻及其背后折射的文化；再如，欣赏影视作品永远是颇受学生欢迎的学习第二语言知识文化的途径，英语教师可以向学生推荐一些有着强烈的文化特征和教育意义的英美国家的影视作品，让学生在了解英美国家文化的同时得到心灵上的启发。除了阅读、聆听和观看的途径，英语教师还可以通过指导学生创设英语角，举办英语晚会、专题讲座以及其他课外实践活动，使学生在不断接触英语文化的环境中比较中西文化，进而增强跨文化感悟能力。学生的跨文化感悟能力一旦增强，他们就能敏感地捕捉到交际中出现的文化差异，如一谈到“black tea”，就立刻能想起这就是中国的红茶。

总而言之，在高校英语教学过程中，英语教师只有想办法挖掘教材中的文化知识，并将这些知识作为重要的教学内容传授给学生，同时引导学生利用课外活动的机会接触更多的英美文化，才能帮助学生积累英美国家的文化知识，并通过对比中西文化的差异，体会世界文化的多样性特点，增强跨文化感悟能力，提升跨文化交际能力。

第三章　多元文化视域下的高校英语基础知识教学

第一节　高校英语语音教学

一、高校英语语音教学的作用

语音、词汇和语法是高校英语教学的基础知识内容，而语音又是这三项基础知识内容之首，更是学生学习英语的基础，对增强学生学习英语的信心，提高学生学习英语的积极性与整体的英语水平起着关键性的作用。高校英语教学开展语音教学的意义包括以下三个方面的内容。

（一）提高听说技能

在以口语交际为主要沟通方式的交际过程中，交际者的发音是否正确，直接影响着交际双方能否理解对方的表达，进而影响交际的效率和结果。在英语语音教学中，最理想的教学效果就是学生既掌握了专业且系统的英语语音理论知识，又懂得英语发音的各项技巧，并能在口语表达的实践中熟练运用这些技巧，正确处理英语句子中的连读、不完全爆破、同化、弱读等语音现象，还能在听到类似语音表达时迅速理解其含义。

然而由于各种原因，只有极少数学生能达到上述语音学习的标准要求，很多学生都存在英语听力学习的困难或提升英语听力的瓶颈；有些学生甚至因为信心不足，在听力考试中盲目选择答案，放弃认真答题的机会。事实上，造成这种现象的主要原因是学生自己缺乏正确的语音知识，因此在听英语时难以做到听一两次就听懂。如果学生能够掌握正确的英语语音知识和技能，那么他们就能正确地拼读单词，流利地朗读课文，自信地开口说英语，并可以轻轻松松听懂英语语音资料。长此以往，他们就能提高自己整体的英文水平，实现英语学习的目标。

（二）帮助记忆单词

语音教学是所有有声语言教学的重要组成部分，英语语音教学也不例外。由于有声语言的第一性特征，所以英语语言中的很多语法现象、词汇现象、语言表达都会受到英语语音特点的影响。就词汇现象而言，就像汉语中有些词汇可以望文生义一样，英语中有些词汇可以通过其语音特征猜测其含义。在英语教学过程中，很多学生存在词汇记忆困难的问题，针对这一问题，教师可以引导学生通过发音推断词义、记忆单词。因为英语的拼写和发音之间是有密切联系的，有一定规律可循，如果学生掌握了英语拼读的规律，就能快速有效地记忆单词。

（三）培养阅读能力

无论是英语专业的学生，还是非英语专业的学生，都需要重视英语阅读能力的训练和提升，因为英语阅读水平是衡量学生英语综合水平的重要指标，也是当今高校英语水平能力测试的重要内容。阅读理解题型设置的目的主要是考查学生对语法、词汇、文化等英语知识内容的掌握程度以及阅读英文的速度。文字是记录有声语言的符号，通常情况下，不同的符号有不同的声音形象，当掌握了这些符号的声音形象时，我们在阅读时看到的语言符号就会在头脑中转换成相应的声音形象。这个转换过程是否顺利，影响着我们的阅读速度，因此英语语音的学习有助于提升学生的阅读速度和阅读能力。

二、英汉语音差异

（一）英汉语音发声方法差异

不同国家、民族在语言、文化上的差异，导致不同国家、地区的人在发声方法、发声位置、发声技巧等方面体现出不同的特点。就算是同一个国家的相同地区的人，人与人之间的发声方法、发声技巧、口型开合、音质音色等也各有特色。例如，有的人说话声音洪亮、中气十足，有的人说话嗓音细小；有的人说话喜欢用口腔前部发声，有的人喜欢用口腔后部发声；有的人说话喜欢用爆破力，有的人喜欢用柔和力。

对外语学习者来说，其母语的发声习惯在儿童时期就已形成，因此学习者要想掌握好外语语音的发声方法，就要清楚母语发声方法与外语发声方法

的相同和不同之处。从而利用母语发声习惯的正迁移，克服母语发声习惯的负迁移。接下来就汉语和英语两种语言的发声方法展开对比。

1. 呼吸方式不同

呼吸是人类一种正常的生理现象，采用不同的呼吸方式会使人的说话方式、歌唱方式等发声方式发生改变。常见的呼吸方式包括胸式呼吸、腹式呼吸和胸腹式联合呼吸三种，在此只介绍胸式呼吸法和腹式呼吸法。

腹式呼吸法就是让横膈膜上下移动的呼吸方法。由于吸气时横膈膜会下降，把脏器挤到下方，因此肚子会膨胀，而非胸部膨胀。此外，吐气时横膈膜将会比平常上升，因而可以进行深度呼吸，吐出较多的停滞在肺底部的二氧化碳。经常使用这种呼吸方式将会扩大人的肺活量，导致气息变得慢而深。与中国人说汉语惯用口腔前部发声换气的做法不同的是，英美人说英语时常用腹式呼吸法，用口腔后部发声换气，呼出的气流多且长；再加上换气速度慢，声带振动的频率也慢，所以发出的声音频率就会比较低，声音低沉粘连且穿透力强。

胸式呼吸法还可以叫作肋式呼吸法或横式呼吸法。这种呼吸法是先靠肋骨的侧向扩张来吸气，再用肋间外肌上举肋骨以扩大胸廓的方法来完成呼吸。胸式呼吸法的特点是在呼吸时只有肺的上半部肺泡在工作，肺的中部和下部肺泡则处于休息状态，所以长时间采用这种呼吸方式会影响气息稳定，使气息变得又快又浅。从语音的物理性质角度分析，正是因为说话时呼出气流少、换气速度快，所以说话时的音频较高，声音听起来比较清亮但缺乏穿透力。

2. 发声位置不同

呼吸方式不同，发声的位置就不同。例如，英语发声的位置在口腔后部和鼻腔，气流通过喉腔从口腔和鼻腔喷出。口型开合小，但硬腭拱起用力，口腔内部紧张，舌根部位和鼻腔起到共鸣作用，发出的声音低沉而又响亮，穿透力也很强；汉语发声则是口腔前部用力，用力轻松，口型开合大，发声时多用舌面、舌尖等部位的肌肉，发出的声音高而尖，但力度较弱，穿透力较差。

英语由于发声位置在口腔后部和鼻腔，气息绵长，换气慢，所以控制气息的能力很强，发音和语速也能达到一个非常快的水平。因此，英美人虽然说话速度飞快，但发音清楚连贯，听者很容易能够听懂他们在说什么。

汉语由于发声的位置在口腔前部，气息短浅，换气快，所以汉语呈现语速较慢的特点。通常汉语表达注重抑扬顿挫、充满情感。

（二）英汉轻重音位置差异

英语语音和汉语语音中都存在轻重音现象，尤其重音的使用对这两种语言的表达都有重要的影响。英语中将具有改变句子含义作用的重音称为“表意重音”，汉语中将影响整句话含义的重音称为“语法重音”。总而言之，英汉两种语言轻重音的差异体现在句子中轻重音的位置上。英语中的重音一般落在实词上，虚词的读音通常比较轻柔，有时甚至一带而过。英语发音属于“重音律动”模式，该模式的特点是遵循句子重音复现的规律，以重音为节拍吐字发音。虽然英语发音没有平仄之分，但在单词层面和句子层面上却有轻重音之分。例如，在句子层面，每一个句子都有一处或多处句子重音，如“John works very hard in the company.”的重音就分别落在 John、works、hard 和 company 上，very 若不强调通常不重读，其他几个词无重读音节，一般一带而过。

汉语语音的轻重不体现在每个单字中，而主要体现在句子层面，一般一句话中想要突出强调的信息会重读，如“哪辆自行车是你的？”在这句话中，“哪”字表示疑问，需要重读。而汉语句子中，尤其是句尾的助词、叹词等一般都作轻读处理。例如，老师问学生：“听明白了吗？”句尾的“了”和“吗”均为轻读音。而在一些叠音词构成的称呼语中，如“爸爸”“妈妈”“爷爷”“奶奶”中，一般第二个字要轻读。

（三）英汉语音声调与语调差异

英语属于语调语言，因为其音高起伏而形成的旋律模式与短语、句子的发音是紧密结合的。英语中的单个词语并无声调的差别，声调只体现在短语和句子中。英语中的语调分为三种，即平调、升调和降调。通常情况下，句子的前部、中部或者句尾的短语不读平调，句子尾部则读降调或者升调。例如：

A female teacher was busy in the classroom, and the students were listening carefully to her.

此外，一般疑问句句尾读升调。例如：

Can you give me five dollars?

而且，相同的句子也会因为语调的不同导致句子表达含义的不同。例如：

That's not the car he wants. ↘

That's not the car he wants. ↗

That's not the car he wants.→

从词汇的构成角度分析，这三个句子没有什么差别，但语调的不同使句子的深层含义发生了变化。第一句话是降调，表示说话的人对这句话表达的内容的肯定，十分确定地表达了“那辆车不是他想要的”这一事实。第二句话是升调，表示说话人对这句话描述的情况内容的不确定，即不确定“那辆车是不是他想要的”。第三句话是平调，表示说话者的描述除了字面意思之外，还有其他隐藏含义，即“那辆车不是他想要的，他想要的是其他车辆”。

汉语属于声调语言，其声调变化通过四声表示，即阴、阳、上、去四调，也可称为一声、二声、三声、四声，其中前两声是平声，后两声是仄声。通常情况下，汉语都是一字一调；部分汉字因为其一字多义而导致一字多调。例如，“数”字，用作动词“计算”时，读三声“shǔ”，如“数清楚”；用作数词时，义同“几”，读四声“shù”，如“数千元”。

三、多元文化视域下的英语语音教学策略

（一）营造开展语音教学的多元文化环境

1. 营造开展语音教学的多元课堂环境

传统的高校英语课堂教学对语音教学还不够重视，虽然有语音教学的相关内容，但对语音教学应达到一个什么样的效果没有明确的标准，对学生的最终学习成果考核得也不够严格，所以，高校英语语音教学的有效性有待提高。在多元文化环境下，教师要引导学生充分认识英语语音与汉语语音在发声方法、轻重音、声调、语调等方面的异同，尤其要向学生讲授英语语音在重音、发音节奏、连读、语调等方面的相关知识，并采用各种方式组织学生进行练习与实践。

与此同时，高校英语教师还可以从课堂教学的其他方面出发提升学生的语音水平和英语综合应用能力。例如：

（1）尊重学生的个体差异，加强对不同学生，尤其是对语音学习信心不足的学生的关注，对这部分学生给予个性化的辅导和帮助。

（2）采用分组教学法、交际教学法，引导学生成立语音学习互助小组，鼓励他们在交流和讨论中开展语音学习，提高语音水平和交际能力。

（3）为了充分体现出对语音教学的重视，高校应将语音教学考核纳入学期考核的范围之内，高校教研部在设计考核试卷的过程中，加入听音、辨音的题型。在口语考核阶段，英语教师可以自己出一些语音测试的题目，对学生进行口语检查。对于非英语专业的学生，为了提升他们整体的语音水平，高校应增设英语语音和英语口语选修课，安排英语语音水平较高的教师进行授课。

2. 营造开展语音教学的多元校园环境

例如，“CCTV Cup”是一项具有影响力的全国大学生英语演讲比赛，很多高校都会组织并培训英语水平较好的学生参加比赛。与之类似的，高校可以尝试组织校内英语协会、英语教师团队等团体机构在全校范围内开展英语口语类比赛，如英文辩论赛、英文影视剧配音比赛、英语歌唱比赛、英文脱口秀等各种形式的口语比赛，并设置参与奖、优秀奖、最佳语音奖等各种奖项，鼓励学生积极参与赛事、勇于表现自我。高校通过举办这些活动，可以提高学生学习英语语音的积极性和主动性，加强学生之间的交流和学习，增加学生对英语文化的积累，培养学生的多元文化意识。

3. 营造开展语音教学的多元网络环境

传统的语音教学局限于教材、教师、教学条件的限制，不利于学生语音水平的提高和多元文化意识的培养。随着信息技术和多媒体技术的发展，英语教师要充分利用网络和多媒体设备帮助学生练习英语发音，通过为学生提供语音学习的音频与利用网站扩展学生的语音知识储备，让其了解中西方语音表达方式的差异及其造成的文化上的差异。例如，通过网络查找材料，并使用相关多媒体设备展示汉语诗歌与英语诗歌的不同；建立网络语音学习小组群，每天打卡完成语音作业，互相监督、互相提醒；选择一些具有英美典型文化特征的影视作品让学生配音，让学生在学习文化的同时练习自己的发音。

（二）采取多样化的英语语音教学方法

1. 分清学生英语层次，做到因材施教

高校学生在学习英语语音的过程中面临很多困难和挑战：有些学生受地

方方言影响，口音浓重；有些学生的发音还不错，但交际能力不足；有些学生受中学英语教育的影响，认为英语学习应以词汇和语法学习为重，不重视语音学习。这些都直接影响了高校英语语音教学活动的开展，妨碍了学生英语综合能力的提升。

基于以上情况，笔者认为，高校英语教师在开始语音授课之前可以通过测试和调查问卷的形式调查学生的英语语音水平，记录每一位学生的基础水平，并将他们分类，为他们制定不同的语音学习的目标。最重要的是，要在第一节课上让学生认识到语音学习的重要性，端正学生的学习态度，然后在今后的教学中，有针对性地设计教学活动，并及时观察不同学生的学习情况，记录学生的成长与变化，逐步达到语音教学的目标。

2. 利用语言学习的迁移规律

在高校英语语音教学的过程中，英语教师要充分利用英语语音与汉语语音之间的相似之处，即汉语语音对英语语音的正迁移作用来促进语音教学；反之，利用汉语语音与英语语音的不同之处，即负迁移作用，来尽量避免学生的母语语音习惯对英语语音学习的不良影响。当然，这也是英语语音教学的重难点。

3. 练习发音器官，纠正发音习惯

英语的发声用力点与汉语不同，且英语有些发音是汉语语音中没有的。英语发音方式有时也需要单独学习，因此，学生需要观察和研究自己或他人的发音器官和发音机理来纠正自己错误的发音习惯。高校英语教师可采用以下两种方法帮助学生练习发音，纠正发音习惯。

（1）引导学生练习舌位操和口型操。教师先做出正确发音的舌位和口型示范，学生通过镜子观察自己发音时的唇形、口型和舌位，或者观察旁边同学的发音动作；同时引导学生画发音口型图和舌位图，加深其对发音器官工作原理的理解。

（2）组织学生说英语绕口令。说英语绕口令是一种集中训练学生发音器官的有效方法，能帮助学生克服口音重和部分语音不会发的难题。具体可参考以下步骤进行：教师先准备几张小纸条并在上边写上难度相同的绕口令，然后将学生分为人数相同的几列；随后让每列第一位学生查看准备好的绕口令小纸条，并以悄悄话的形式依次向后传递，直到这一列的最后一位同学；最后一位同学接收到绕口令后大声说出来，看哪一列完成得最快，当然还要由教师将最初的绕口令纸条公布出来，以示正误。这种兼具趣味性与竞争性的英语语音游戏不仅能提高学生学习英语的兴趣，还能帮助学生纠正错误的语音习惯，提高英语听说能力。

4. 鼓励学生坚持训练，加强语流、语调教学

英语语音的学习不是一天两天就能看到成效的事情，学生只有坚持科学、合理的语音训练才能成功。因此，英语教师要鼓励学生持之以恒，不要放弃；同时学生在掌握了基础的英语音标、单词的正确发音之后，就要开始学习英语句子、对话乃至段落、文章的朗读技巧了，因此，教师还需要加强对英语语流、语调的教学。教师可采用以下三种方法开展英语语流、语调的训练。

（1）教唱英文歌曲。对于学生来说，英文歌曲是一种内容丰富并蕴含大量发音技巧的语音练习方式。因此，教师可以通过教唱英文歌曲的方式帮助学生掌握连读、弱读、节奏等发音技能，并培养学生的英语语感，提高学生的英语文化知识水平。

（2）朗读英语美文。英语美文体现了英美国家的思维方式、观念信仰、民族文化、价值追求。朗读英语美文不仅能帮助学生在朗读的过程中练习发音技巧，学习朗读规则，还能让学生感受英文的魅力，认知英美国家的文化。

（3）影视剧台词模仿与配音训练。英美国家有很多具有教育意义的经典影视剧，承载、传递着正确的世界观与价值观，并且里边的台词都是十分地道的英语表达。因此，教师可以选择经典英文影视剧的片段让学生开展模仿练习和配音练习，并逐渐增加练习难度，鼓励其实现自我超越。

第二节　高校英语词汇教学

一、高校英语词汇教学的作用

词汇是语言学习的基础材料，是语义的基本单位，也是构成语言整体的重要细胞。在语言符号系统中，语音是符号的标记，语法是符号排列组合的规则，而词汇才是组成这一符号系统的物化符号。任何一种语言的基础教学

都离不开语音、词汇和语法的教学。词汇是英语教学的基础。英语学习由词而成句，由句而成篇。英语词汇教学是英语教学的一个重要组成部分，也是英语教学中的重要环节。高校英语词汇教学的作用体现在以下两个方面。

（一）提高英语综合应用能力

高校英语教学的最终目的是提升学生的英语综合应用能力，词汇能力是英语综合能力的重要部分，《大学英语课程教学要求》也提出学生应具有充足的词汇积累的要求，没有词汇，学生也就无法正确地表达自己的想法，只有掌握了丰富的词汇，学生才能够更好地使用英语进行表达，才能够不断提升自己的英语水平。英语教师只有做好词汇教学工作，帮助学生掌握词汇的发音、含义和用法，才能进一步培养学生的英语综合应用能力，无论是听说教学、读写教学还是翻译教学，都要求学生掌握一定量的词汇。在多元文化交际活动中，无论一个人的发音多么标准、语法多么规范，如果没有词汇来表达各种含义，那么他的跨文化交际就难以实现。由此可见，英语词汇教学的重要性。

（二）辅助测试学生英语水平

英语作为国际性的语言已成为使用人数仅次于汉语的语言，它也是现存的 5000 多种语言中词汇最丰富的语言之一。对于第二语言学习者来说，英语词汇的学习并不简单，甚至对大多数人来说，掌握一定数量的英语词汇是很难突破的挑战，高等院校也因此将英语词汇能力的测试作为高校学生英语水平测试的一部分内容。无论是高校英语应用能力 A、B 级考试，还是大学英语四、六级考试和研究生英语考试，以及其他英语测试如托福、GRE、CMAT 或雅思考试等，都会有一定比例的词汇试题。有些研究也证明英语词汇量与学生英语水平之间有很大的相关性，可以说，英语词汇量的多少影响着英语水平的高低。

二、英汉词汇差异

（一）词汇形态差异

词汇形态指的是语言词汇的外在形式、表现形式与书面形式。例如，汉语属于表意文字，英语属于表音文字；汉语词汇的书面形式是方块字，英语的书面形式是字母拼写。

1. 英语词汇形态特征

英语属于典型的拼音文字，英语的拼音特点有利于人们通过其字形联想到其发音，并根据其发音判断其含义。英语字形的特征是具有线条感，由直线和曲线构成。该特征使英语单词具有流线型结构，所以书写起来比较便利、流畅，利于连写。与汉语的象形特征不同的是，尽管英文字母具有一定的会意性，但是没有任何的象形性，也就是说，英文字母、单词的外形都与自然界的众多事物没有任何联系，因此不太容易引起人们对客观世界的联想。

与此同时，西方拼音文字的构成方式也独具特点，如英语文字是通过无意义的字母的线性连接来构成意义的最小单位——单词的，然后再由单词的线性排列构成短语、句子和篇章。由于英语文字外形的立体感不强，且没有任何的象形功能，因此西方世界逐渐形成脱离客观世界物象、纯粹借助文字符号的抽象思维。对比汉语语言词汇来说，英语语言词汇更具有抽象性和逻辑性。

2. 汉语字词形态特征

在汉语中，很多单独的字也可称为词。迄今为止，人们发现最早的汉字源自石器时代的甲骨文；甲骨文之后，又有金文、大篆、小篆、隶书、楷书、行书、草书等；发展到当代，简体汉字成为大众使用最多的字体。从字形的变化来看，汉字从之前的象形字、会意字发展到如今的形声字，字形已经相对稳定。根据以上分析可以看出，汉字是一种历史悠久且生命力强大的文字，它还是世界文明古国的文字中唯一一种保留至今并被大量民众使用的文字。因此，汉字值得人们进一步去学习和研究。汉字形体的基本特征有以下四点。

（1）汉字是一种表示单音节语素的文字，其语言符号同时包含了语音、语形和语义。

（2）汉字的形体结构可以分为汉字、部件、笔画、笔形四个层次。汉字是最高层次，部件是中间层次，笔画是次低层次，笔形是最低层次。汉字的基本笔画是点、横、竖、撇、捺、提、折、钩；笔画的组合又可以构成部件（偏旁），例如“冫”（两点水）、“讠”（言字旁）、“宀”（宝盖头）等；再由部件构成完整的汉字，例如部件为两点水的次、冷、准，部件为言字旁的说、计、论，部件为宝盖头的字、定、宾等。

（3）汉字的造字法有六种，即象形、指事、会意、形声、假借、转注。

（4）各个偏旁、部件在拼合成字的时候，要注意平衡、对称，最终使字形呈现出结构规整的方块形。

汉字与其他语言文字相比，最突出的特点就是它的立体结构和象形性。汉字的字形便于“睹字识物、据形断义”，这主要是因为汉字是作为象形字产生的，并在很长一段时间内以象形字的形式被人们传播、使用。汉字的象形特征体现了汉字造字法“天人合一”的思想。古代的中国人利用他们的智慧和对这个世界的理解、认知创造出了汉字，并在汉字的创造过程中融入了“天人合一”的理想和目标。语言文字作为人类的创造物，本身就富含人类的思想和气息；而早期的汉字更是将人类赖以生存的大自然与客观世界存在的万事万物形象地反映在文字里，使人们在使用汉字时很容易联想到大自然和其中存在的事物。

随着时代的更迭、社会的进步，汉字为了适应人们的需求，逐渐演变为会意字、形声字。象形字的象形特征已不再像以前那样明显。但如果仔细观察的话，还是能从一些汉字的字形上看出早期象形字的迹象，如“山”字，其字形有如一座高高耸立的小山。即使是会意字、形声字，也是由象形字发展而来的，因此多多少少会带有一些象形字的特征。它们的偏旁部首或其他组成部分的形、义、声，会让人们间接地联想到客观世界的一些内容。例如，会意字“明”，通过观察可以发现，这个字由“日”和“月”组成，而“日”和“月”在汉语中分别代表“太阳”和“月亮”，进而联想到它们的共同特征是可以发光，表示明亮。这就是汉字形象性和描述性特征的体现。

3. 汉语、英语词汇形态差异带来的文化效应

汉语词汇的象形特征或形象性是汉语言文字最显著的特征，使用汉字的人类群体很容易在头脑中产生与外部客观世界的联系，人们看到汉字就会联想起相应的事物，进而在头脑中产生相应事物及外部世界的影像。英语语言词汇因其不具备形象性，所以基本上不会与外部世界产生联系，但英语的抽象性和逻辑性较强。这两种语言各自词形的特点必然会导致不同文化效应的产生。

（1）汉语使用者擅长形象思维，英语使用者擅长抽象思维。因为汉字具有很强的形象特征与描述特征，因此经常使用汉字的人在思考问题时往往会联想到现实世界的种种物象，长此以往就形成了形象思维。形象思维使中国

人擅长观察、描述外部世界的各种景象、事物。中国人的这一思维特征在文学创作，特别是诗歌、散文的创作上有比较明显的体现。这一点在汉语的古诗词中也可以看到，请看唐代古诗《黄鹤楼送孟浩然之广陵》：

黄鹤楼送孟浩然之广陵

李白

故人西辞黄鹤楼，烟花三月下扬州。

孤帆远影碧空尽，唯见长江天际流。

该诗主要描写了诗人送别朋友时的景象和心情，是唐代诗人李白的代表作之一。诗的第三句和第四句如同电影中的“蒙太奇”镜头，呈现出一幅水天交融、波澜壮阔的江景：放眼望去，宽阔的水面上只有一条船，那就是载有友人的船；船只渐行渐远，最后消失在了水天交汇之处。栩栩如生、生动形象的描述，表达了诗人对友人孟浩然的不舍之情。其中“孤”“远”“尽”三个字，淋漓尽致地体现出诗人的愁绪，抒发诗人因朋友离去而产生的孤独；看到远处水天一色、长江滚滚的景象，联想到人的一生命运多舛、几经坎坷，大自然却始终如一，体现了诗人因故友离去、人生无常而产生的寂寞空虚、无法排解的惆怅心绪。诗人很好地利用了汉语言文字的优势，达到了自己借景抒情的目的。

西方人由于长期使用英语这种缺乏形象特征的语言文字和词汇，其形象思维能力的发展受到了限制。英语组词造句的逻辑性之所以比汉语更强，是因为英语反映了人们抽象思维的运行方式。经常使用英语会使人们的逻辑思维能力得到发展，尤其是抽象思维与思辨的能力。因为人们无法依靠英语词汇本身的形象展开联想，只能凭借该词汇所包含的抽象意义以及词汇之间的逻辑联系来进行思考。长此以往，西方人的抽象思维能力也就得到了反复的锻炼与提升。西方人的抽象思维能力强的表现之一就是西方历史上诞生了很多世界级的哲学家、思想家、辩论家与演说家。

（2）两种语言使用者对大自然的态度和情感不同。汉语、英语词形差异带来的文化效应还体现在两种语言的使用者对大自然的态度和情感不同：汉语的使用者对大自然有敬畏和崇拜之情，英语的使用者对自然有战胜和征服之意。

中国人是汉语的发明者和使用者。古代中国人将对大自然的敬畏和崇拜之情放在了汉语的创作和使用过程中，这一点从汉语的“天人合一”思想中就能看出来。受地理条件和气候因素的影响，古代中国人在很久以前就过上了定居的农耕生活，大自然提供的优越的生存和居住条件，使人们逐步过上了安居乐业、丰衣足食的生活。大自然给予人们赖以生存的物质基础，人们也就真心地感谢自然、崇拜自然。

人类在大自然面前是十分渺小的，人类无力抗拒大自然带来的气候灾害、地质灾害等自然灾害，并且人们不理解为什么会发生这些自然灾害。如此一来，就使古代中国人对大自然的神秘与强大产生了畏惧和崇拜，希望达到人与自然的“天人合一”，以及人与人之间的“以和为贵”、人与社会之间的“可持续发展”。中国人的思想和行为都蕴含着汉语的影响效应和诱导作用。这是因为人的行为是由思想支配的，而思想的发展与传播是以语言文字为载体的。汉语作为中国人的发明与创造，毫无疑问对中国人的思想和行为都产生了潜移默化的影响。

事实上，对比古代中国人的生产和生活，古代西方人的生存和发展更为艰险。他们曾在很长一段时间内都以游牧生活为主，居无定所，受气候变化、自然灾害等自然界客观因素的影响很大。游牧生活的动荡和艰险要求他们不能放松警惕，要时刻做好战斗的准备，所以培养了西方人不畏艰险、敢于冒险的精神。而西方抽象特征较强的拼音文字发挥出诱导和强化的功能，使西方人逐渐形成了以自我意识为中心，渴望征服自然、战胜自然、让自然为己所用的主观思想和心理暗示。这种思想观念发展到西方工业革命与信息时代时达到了高潮。直到 20 世纪下半叶，西方的一些有识之士才认识到这一思想的严重片面性，开始宣传保护自然环境、维持生态平衡的思想和办法。

（二）词汇语义差异

汉语字词与英语单词在语义特征上存在以下几点差异。

1. 汉语的构词能力强

汉字由偏旁和部件组成，大部分汉字都有其特定的意义。例如，“绾”字的明确意义就是“把头发盘绕起来打个结”，因此“绾”字是单独的汉字，也是有特殊含义的词。除此之外，大部分汉字又可以与其他汉字组合生成新的词语。例如，点餐、订外卖、网红产品、直播带货等。汉字新词的产生主要依靠原有汉字的变换组合，人们基本不再发明新的汉字。因此，经过几千年的发展，汉语的字数并没有增加很多，反而有一些汉字因为不经常使用而变为“废字”，其总数也明显少于英语单词，这也说明了汉语的稳定性较强。

英语单词由 26 个英文字母构成。我们通常情况下称之为词，不称之为字。尽管部分英语单词也能和其他词组合形成合成词，但其组合能力比不上汉语。其形成新词的方法主要有三种：旧词添新义、旧词合成新词、创造新词。例如，当摄像机这一新事物出现时，英语将其命名为 camera。从构词方式角度分析，这个词是几个无意义字母的拼合，不具备能表达摄像机“会意”特征的功效。而汉语则通过组合两个单词“摄像”与“机”来表示这种新事物。而且，这个词具有明显的会意特征，人们通过词的表现形式能猜到这是一种用于记录影像的机器设备。

2. 汉语多一字一义、一音多字的现象

语音与语义紧密相关，语音就是语义的声音符号。所以，我们可以从语音的角度分析英语与汉语在语义特征上的差异。

（1）汉语语音与语义的关系。

其一，汉语中大部分汉字都是一字一音、一音一义，所以这些汉字就是一字一义。例如，“店”字，读音为“diàn”。其含义是进行商业经营的房屋，如店铺、店员、商店、书店、店肆、客店、旅店等。还有一部分汉字虽然是一字一音，但是一字多义。如“故”字读作“gù”，有四层含义：①缘故，原因；②故意，有意；③原来的，目的；④意外的事。

其二，汉语中一音多字的现象也很常见。一音多字就是指不同的字或者词具有相同的发音，即同音异形异义字。汉语字典或词典经常按照汉字的发音分门别类地收录和索引，这就说明在汉语中有大量的同音字、同音词。例如：

①“bāo hán”有以下对应的词语及其含义。

a. 包含：包容、含有。

b. 包涵：原谅、宽恕。

②“bào fā”有以下对应的词语及其含义。

a. 暴发：突然猛烈地发生或以不正当的手段发财，如山洪暴发、雪崩暴发、暴发户。

b. 爆发：由于爆炸而突发或发生重大事变，如爆发战争、火山爆发、革命爆发、爆发大笑。

③“běn yì”有以下对应的词语及其含义。

a. 本义：词的本来意义，与引申义、比喻义相对。

b. 本意：心里本来的想法、目的。

④“dà shì”有以下对应的词语及其含义。

a. 大事：重大或重要的事。

b. 大势：事情发展的趋势。

以上四组示例中，两个词语的发音虽然完全相同，但语义却有很大差别。此时听者需要根据上下文语境或自身的汉语语感，才能判断出其真实含义。

其三，汉语中一音多义的现象也很常见，这其实属于一字多义现象。一般指同一个字发音相同却包含好几种意义，如“举”字只有一种读音，却有“行为”“往上托”“推选”等词义。还有一种常见的情况是同一个字在发音不变的前提下，与其他字搭配而产生不同的词义。例如，“光”字读作“guāng”，有七种常见的意义，它可以与其他汉字组成不同的词语表示不同的含义。

①明亮的月光，照亮了我回家的路。此句中的“光”指光线。

②老师不光教我读书认字，还教给了我做人的道理。此句中的“光”指只、单。

③狗狗很快就把碗里的狗粮吃光了。此句中的“光”指一点儿不剩。

④在今年的冬奥会上，众多奥运健儿奋力拼搏，为国争光。此句中的“光”指荣誉、荣耀。

⑤她光着两只脚就下地了。此句中的“光”指的是露着。

⑥明媚的春光，吸引了大家的视线。此句中的“光”指的是景物。

⑦临阵磨枪，不快也光。此句中的“光”指的是平滑。

在上述示例中，“光”字既可单独使用，也可以与其他字组成词语使用。而有的字则不能单独使用，要组成词才有意义，如“典雅”一词中的“典”字。

其四，汉语中一字多音的现象也比较常见。一字多音指的是一个汉字在不同的语境中或与不同的汉字搭配时就会有不同的发音，也就是我们平常所说的“多音字”现象，这种现象多出现在常用字词中。例如：

①“都”有以下不同的发音及相应的例词。

a. dōu（都是）; b. dū（首都）。

②“为”有以下不同的发音及相应的例词。

a. wéi（为人）; b. wèi（因为）。

③“降”有以下不同的发音及相应的例词。

a. jiàng（降落）; b. xiáng（投降）。

（2）英语语音与语义的关系。

其一，英语中一词一义的情况还是很常见的，但其一词多义的现象也有很多，甚至比汉语还多；而且很多功能词、常用词的义项数量也明显比汉语要多，以至于在许多场合，我们只能依靠上下文或者语境来辨析词义。如“get”一词就有 22 条义项，在其后加上小品词组成的短语更是有 31 个之多。

其二，英语中的一词多音现象，也就是同形异音异义词的数量也比汉语要多。这种词基本上都不改变单词的拼写，只改变词的重音、辅音音素及词性、词义方面的表达。还有一种词源完全不相同的同形异音异义词，其发音和词义有很大的差别。

其三，英语中的一音多词现象，也就是同音异形异义词的数量比汉语中同类词的数量要少，只有 our、hour 等有限的几十组词。除此之外，其同音同形异义词的数量也不多，只有 book（书）和 book（预订）, account（账户）和 account（解释、理由）等；而一部分同音同形异义词的词义只是轻微地发生了变化，如“aim”用作名词时表示“目的”，用作动词时表示“瞄准”。

其四，最后需要特别注意的是，英语中存在的同义词或近义词的数量在所有语言中是最多的，其主要原因是英语是一种包容性很强的语言，英语在发展变化的过程中吸收了大量其他语种中的词汇表达。英语中存在的同义词或近义词的数量最多，这包含两个方面的含义：一方面，是指其所有同义词或近义词相加得到的总数最多；另一方面，是指就某一词义来说，其每组同义词或近义词的数量远多于其他语言。例如，“工作”一词，其汉语的同义词或近义词有“岗位”“职业”“职务”等几个，而英语则有 work、job、task、mission、post 等十几个。

3. 汉语与英语的语义差异造成的文化效应

汉语与英语的语义差异所造成的文化效应主要包括以下几个方面的

内容。

（1）从词语的记忆积累来说，汉语比英语容易。在学习这两种语言的过程中，汉语词语更容易被理解和记忆的主要原因包括以下三个方面。

其一，汉字的组词能力很强，基本上所有的新生词汇都是用之前就被大家熟知的旧词组合而成，所以汉字的总字数没有变。

其二，汉语词语的组合方式以会意方式为主，因此人们可以望文生义。如此一来，人们就不用记住所有的汉字，而是只掌握最常用的 3000 个汉字就能满足一般的学习和生活需求。

其三，由于汉字的象形特征和会意特征，即便人们遇到没见过的词组或者短语，也可以借助组成该词组或者短语的汉字的字义来推断整个词组或短语的含义。成语“结党营私”一词就是一个很好的例子。将组成这个成语的四个字拆开来看，可以发现：“结”有集结、勾结、纠集之意；“党”有党派、朋党之意；“营”有经营、营造之意；“私”与“公”相对，有个人私利之意。根据以上汉字分析，可以推断出这个成语的意思是坏人勾结在一起，谋求私利，专干坏事。汉语中这样的例子还有很多，许多新的词汇也是借助汉字的会意特征产生的，如“躺赢”“直播带货”“网红”“佛系”“游戏装备”等。

跟汉语相比，英语中的词汇就没有那么容易理解和记忆了。这主要是因为以下两个方面。

其一，英语中有词语但是没有字，这就造成英语单词的组合能力差一些，很多新词的产生需要人们采用新的表达方法，而且有大量表示事物名称的名词都是一词一义，这就造成了英语词汇总量的庞大。

其二，英语这种拼音文字没有象形特征和会意特征，所以阐释的功能要弱一些。人们看到没学过的词，便难以猜测其含义，这就不利于人们在遇到生词时，可以快速地理解词义，完成阅读。

（2）从词语的表意功能来说，英语词比汉语字精确，而汉语词比英语词明确。汉语中最小的语义单位是“字”；而在英语中，“词”是表层结构最小的语义单位。汉语中有字、词之分，而英语中只有词。汉语中可以单独使用常用字、功能字来描述事物或下达指令，这部分字只占所有汉字的一小部分。这部分字在语义层面上，通常表达的含义比较宽泛、笼统，不是很精确。例如，“车”字可以单独使用，人们可以说“我买了一辆车”，但这辆“车”具体是什么车，是什么品牌、型号、大小，都无法分辨。在用“车”

组词后，可以得出“轿车”“货车”“客车”等词语表达。由此可以看出汉语中的词语表达要比单个字的表达更加具体明确。

特别需要注意的是，汉语中有一些汉字虽然也有基本的、笼统的字义，但是单个字却无法使用，因为其表达不了明确的意义。例如，“瞩”“愕”“窥”等，只有在组成“瞩目”“惊愕”“窥探”等词后才能正常使用。此外，汉字中还有一部分特殊的叠字结构词语，就是相同的汉字可以重叠使用，如三字词组：暖洋洋、亮晶晶、肉嘟嘟、傻乎乎、白茫茫、气冲冲、乐滋滋；还有一些四字重叠词组：高高兴兴、匆匆忙忙、慌慌张张、吞吞吐吐、朝朝暮暮、婆婆妈妈。这些词组的精确程度和形象程度甚至超过了英语。而英语词语的优势在于无论是单义词还是多义词，都能表达明确的含义，不需要以组词为前提。所以从整体上来讲，英语词语更加精确。

（3）从词语的语义表达来说，汉语的概括性更强，而英语的逻辑性更强。分析这两种语言的语义表达可以看出，汉语的概括性更好，而英语的逻辑性更好。汉语的概括性好主要体现为汉字的概括性较好，该特点在古代汉语中得以充分体现。例如，孔子曾说：“志于道，据于德，依于仁，游于艺。”这十二个字十分简单明了地概括出孔子的为人处世之道。即“以道为志向，以德为根据，以仁为依靠，而游憩于礼、乐、射、御、书、数六艺之中”。而由于英语单词的表意相对精确且具有严密的句法结构，所以英语的逻辑性很强，使用英语进行辩论演讲、说理分析会很有优势。

三、多元文化视域下的英语词汇教学

（一）词源分析法

词源分析法就是通过分析词汇出处或者来源的方法来介绍词汇文化内涵以及深层含义的方法。这一方法特别适用于讲授一些包含英语典故文化的词汇，如历史事件词汇、神话传说词汇、文学作品词汇、体育典故词汇、现当代经典词汇、莎翁戏剧词汇等。

1. 历史事件词汇

在英语文化中，有很多词汇的来源是欧洲或美洲国家的历史事件。如 fifth column（第五纵队）源自西班牙内战，现用来比喻渗透到敌人内部进行破坏，配合外部组织进攻的间谍或内奸；gold rush（淘金热）用来比喻一段时间内兴起做某事的热潮，这一词汇源自美国历史上西部地区曾盛行的淘金活动。

2. 神话传说词汇

英语中很多词汇来源于西方古代的经典作品，其中古希腊和古罗马的神话传说占了很大一部分，如 a Herculean task（赫拉克勒斯的任务）一词。这个词语的典故来自古希腊神话。赫拉克勒斯（Hercules）是宙斯（Zeus）之子，拥有极大的力气，因此被称为大力神，所以该词喻指艰巨的，一般人完成不了的任务。又如 Achilles' Heel（阿喀琉斯之踵）一词。这个词语典故同样取自古希腊神话，Achilles（阿喀琉斯）是海洋女神忒提斯（Thetis）和凡间英雄珀琉斯（Peleus）之子，他浑身刀枪不入，只有脚后跟是他的弱点，他的敌人就是利用这个弱点杀死了他。后来人们就用“Achille's Heel”喻指某个人或者某件事唯一的弱点。以此告诫世人，哪怕一个人再强大，表面看起来无坚不摧，也会有弱点存在。

3. 文学作品词汇

英语中还有很多词汇来源于文学作品。例如，人们用 Odyssey 来喻指困难重重、充满艰险的历程。在英语文化中，*Odyssey*（《奥德赛》）是古希腊的两大史诗之一，相传是盲人诗人荷马的著作。Odysseus（奥德修斯）是一位古希腊神话英雄，他曾在特洛伊战争中以“木马计”攻下特洛伊城，随后又独自在海上漂流了 10 年；战胜了独眼巨龙，制服了女巫，最后终于回到家与妻子团聚。

4. 体育典故词汇

西方英语国家中，尤其是美国有着优良的体育传统和庞大的体育产业。很多美国人对体育运动十分喜爱，热衷健身、运动，人们在日常聊天时也喜欢讨论与体育相关的话题，因此很多体育运动的术语在人们的日常生活中十分流行。长此以往，橄榄球、棒球、拳击等体育项目的术语就通过意义的转换而变成广泛应用于日常生活领域的语言表达，并最终演变为典故。例如，hat trick（帽子戏法）源自魔术师用帽子变的戏法，后来这一术语被应用于板球、足球和曲棍球领域，指一个板球投手连续三次击中木门或一个足球运动员自己在一场比赛中踢进了三球。

5. 现当代经典词汇

英语还擅长从现当代经典文学、影视作品中取材，丰富其词汇。例如：Snoopy（史努比）、Tarzan（人猿泰山）、Spider-Man（蜘蛛侠）、Superman（超

人）、Zorro（佐罗）、Pinocchio（匹诺曹）等是出自影视剧中的词汇表达；Uncle Tom（汤姆叔叔）出自小说 *Uncle Tom's Cabin*（《汤姆叔叔的小屋》）；Black Humor（黑色幽默）来自小说 *Catch 22*（《第二十二条军规》）；Shangri–La（香格里拉）出自 *Lost Horizon*（《消失的地平线》）等。

6. 莎翁戏剧词汇

莎翁是英国诗人、文学家威廉·莎士比亚（William Shakespeare）的昵称。由于莎士比亚的作品都十分经典，很受大家欢迎，因此，莎士比亚在文学作品中的一些表达逐渐发展为具有特色文化含义的词汇。例如，salad days（色拉岁月）喻指天真烂漫、缺乏人生经验的青少年时期。该表达出自莎士比亚编写的罗马悲剧《安东尼与克里奥帕特拉》。在该剧中，埃及女王声称自己与罗马统帅交往时是在自己的青少年时期。

为了帮助学生更加直观、形象地了解词汇的来源及其文化内涵，高校英语教师可以借助生动、形象的教学工具辅助教学。如教师可以制作相关的多媒体课件或寻找一些短视频，帮助学生对词汇产生的文化背景具有清晰的认知，并对词汇的文化内涵和应用场景产生深刻的理解。

（二）文化对比法

文化对比法是讲授英语词汇与汉语词汇文化差别的有效方法。只有通过对比才能突出英语文化与汉语文化的异同，才能让学生理解并记忆英语词汇的深层含义。因此，教师在介绍具有文化特色的英语词汇时，应事先对其相关文化有所了解。这样才能通过对比，讲授两种语言词汇之间的差异，才能体现两种文化之间的共性与个性。

例如，耕牛在中国古代的农村生活中占有重要地位，因为耕牛是农民耕地的好帮手，因此汉语中创造了许多与“牛”相关的词语，赋予了“牛”特殊的文化内涵。比如，牛喝水很多，并且喝水时大口大口地喝，所以形容人大口喝水为“牛饮”。而在英国，由于人们傍水而居，所以生活环境中鱼类很多，用 drink like a fish 来形容人大口喝水。又比如，牛在中国是最重要的田间劳作畜力，给人一种兢兢业业、勤奋耕耘的印象，因此人们用“孺子牛”“老黄牛”来形容无私奉献、任劳任怨的人民公仆。但在英国，牛在人们的眼里都是缺点，如“throw the bull”意为胡说八道。但英国人早期用马耕地，因此马在英语中有能干、健壮的意义，如“as strong as a horse”“work like a horse”（工作很卖力）等。

教师在介绍数字在英语中的文化内涵时，可以通过对比中国人和西方人对不同数字的喜好的方法来讲解。例如，西方文化中有“lucky seven”的说法，由此可见西方人对“七”的喜爱。每逢7月，西方国家就会有很多新人举行婚礼，尤其在7月7日这一天，结婚的人特别多；2012年的伦敦奥运会就是在当地时间的7月27日开幕。而在中国广东方言中，“七”和“出”谐音，有着钱财流出的含义；在汉语普通话中，“七”和“气”谐音，表示生气、不愉快，因此，部分中国人不喜欢“七”这个数字。

（三）案例分析法

案例分析法是指英语教师在课堂教学的过程中，通过向学生展示一些跨文化交际活动的真实案例来教授英语词汇和文化知识的方法。所选案例应是一些由于交际方对词汇文化内涵不了解而造成交际冲突的案例。教师将案例以书面的形式展现给学生，并要求学生在仔细阅读后分析引发交际误解甚至交际冲突的原因和后果。教师在肯定学生合理分析的基础上，继续从文化对语言的影响、跨文化交际的规则等方面，进一步解析造成交际冲突的词汇内涵，从而增强学生的跨文化交际意识，培养学生的跨文化交际能力。教师还可以以此为作业，要求学生在课后收集、整理相关资料，以便学生更深入地理解造成交际冲突的词汇的文化内涵，这样不仅能使学生巩固在课堂上学到的知识，还能帮助学生掌握更多的英语文化知识。例如，在一个中国学生和一个美国学生的跨文化交际案例中，中国学生向美国学生介绍自己的学习情况，当谈到因为学习成绩优异而获得奖学金时，美国学生不由得感叹道：“You are a lucky dog.”。中国学生听到后，认为美国学生十分不礼貌，竟然将自己比作狗，顿时不开心起来。因为狗在中国文化中用于形容人时被赋予了不好的文化内涵，汉语词汇中关于“狗”的表达大多是贬义的，如狼心狗肺、狗仗人势、鸡零狗碎等。但是，美国学生站在他自己的角度看其表达完全没有问题。因为狗在英语文化中是受人喜爱的动物，被认为是家人、朋友，狗具有忠诚、勇敢、机智、顽强的性格特征。英语中有很多关于“狗”的褒义表达。例如：

lucky dog——幸运儿

a gay dog——一个快乐的人

love me, love my dog——爱屋及乌

A good dog deserves a good bone.——功臣值得嘉奖

因而在上述案例中，中国学生因为不了解狗这一动物形象在英语文化中的内涵而对美国学生产生了不必要的误解，导致交际情绪低落，交际效果不佳。如果他了解了这一表达的真实含义，就不会因此生气了。

第三节　高校英语语法教学

一、高校英语语法教学的作用

（一）语法具有调整功能

在学习一门语言的过程中，只学习语音和词汇是无法掌握语言正确的使用方法的，因为词汇只有按照一定的语法规则才能组成有真实含义的句子。对高校学生来说，他们已经掌握了大量的语言材料，如词汇、短语等。根据这些材料，他们可以组成很多句子，表达很多意思。但由于语言能力受限，他们在组织句子时往往会出现句式杂糅、成分不清等情况，此时就需要运用语法知识加以调整，以使整个句子的表达更加清晰、准确。

（二）语法能够帮助学生掌握语言成分

每一种语言都是一个成分繁多、结构复杂的庞大系统，而作为语言的一个重要组成部分——语法，本身也由很多子系统构成，每个子系统都有一定数目的语法规则，都包含一定数量的语言成分，所以语法教学的开展在很大程度上减轻了语言教学的工作量。学生在学习语法的过程中，要清楚各个语法成分的功能和应用。教师也可以此为依据，明确语法教学的各个目标。

（三）语法可以促进语言的学习

从学生的角度出发，如果他们对外语学习有着足够的兴趣，并具备较强的学习能力，那么他们不用接受系统的语法知识教学也能达到较高的语言水平。但在表达语言的过程中，他们总是会存在各种问题：一是错误的语言习惯一旦形成且无法及时纠正就容易持续存在，且后期不易更改；二是语言表达能力达到一定水平就难以提升，形成语言学习的“石化现象”。

如果教师针对以上现象进行语法教学，就能帮助学生解决这些问题，提高学生的外语语言能力，促进该语言的继续学习。

二、英汉语法的差异

词法与句法是英语语法教学的两个主要方面。本节以句法为例，阐述英语与汉语在语法上的差异。句法是指句子的各个组成部分以及其排列顺序。汉语和英语在句法上的差异较大，主要体现在基本句型、句式、主谓结构、时态等方面。

（一）英汉基本句型差异

英语中的基本句型只有五种，即主谓句型、主谓宾句型、主谓表句型、主谓+双宾语句型、主谓宾+宾语补语句型。各种类型的长短句，如组合句、倒装句、变式句等都是由上述几种基本句型演变而来的。与英语句型种类相比，汉语的句型种类更加丰富。按照表意功能与表达方式，可分为话题句、祈使句、关系句、存现句等。

1. 英语常用基本句型

（1）主语+谓语。

示例：The doorbell rang.

译文：门铃响了。

（2）主语+谓语+宾语。

示例：The kid surprised me.

译文：这个孩子让我感到很惊讶。

（3）主语+谓语+表语。

示例：Tom looks happy.

译文：汤姆看起来很高兴。

（4）主语+谓语+间接宾语+直接宾语。

示例：She provided us a comfortable room.

译文：她给我们提供了一个舒适的房间。

（5）主语+谓语+宾语+宾语补语。

示例：He painted the wall yellow.

译文：他把墙涂成了黄色。

2. 汉语常用基本句型

（1）说明句：主题语+说明语。

示例：今天星期五。

译文：Today is Friday.

（2）描述句：主题语 + 描写语。

示例：屋子空空荡荡。

译文：The room is empty.

（3）话题句：话题语 + 评论语。

示例：他不会撒谎。

译文：He won’t lie.

（4）呼吁句：在交谈过程中相互应对或感叹的句子。

示例：是的，她是一个伟大的母亲！

译文：Yes, She is a great mother!

（5）存现句：表示人或事物存在或消失的句子。

示例：远方走来了一个模糊的人影。

译文：A vague figure came from afar.

（6）有无句：所有者 + 所有物。

示例：我有车。

译文：I have a car.

（7）施事句：施事者 + 动作语。

示例：她在尝试做一道美食。

译文：She is trying to cook a delicious food.

（8）祈使句：表达要求、命令或请求。

示例：请回答我的问题。

译文：Please answer my question.

（9）关系句：用于表达各种关系。

示例：因为他学习非常努力，所以他考上了大学。

译文：Because he studied very hard, he was admitted to the university.

（二）英汉句式差异

英语和汉语在句式上的差异主要表现为英语多长句，汉语多短句。这种差异产生的主要原因是：英语是形合语言，注重结构的完整，因此只要结构允许，不同的意思也可以放在一个比较长的句子中论述；而汉语属于意合语言，注重语义的表达，因此不同的含义要放在不同的句子中表达出来。示例如下。

原文：人们对历史研究方法产生了兴趣，这与其说是因为外部对历史作为一门知识学科的有效性提出了挑战，还不如说是因为历史学家内部发生了争吵。

译文：Interest in historical methods had arisen less through external challenge to the validity of history as an intellectual discipline and more from internal quarrels among historians themselves.

这段英语译文是一个非常典型的英语长句。整个句子由 27 个单词组成，中间没有使用一个标点符号，全靠语法结构“less through...and more from”传达含义，有一个复杂的状语修饰动词 arisen。而在汉语的原文中，“产生了兴趣”这一内容是用一个独立的句子表达出来的。

（三）英汉主谓结构差异

英语和汉语的句型和句式差异较大，但也有相同之处，如都含有主谓结构。但汉语和英语的主谓结构也不是完全一致的，而是存在一定的差异。

相对于英语而言，汉语的主谓结构更加复杂，这主要体现在两个方面。其一，在形式上，汉语主语类型多样，并且在符合语法规范且不影响句子理解时既可以出现，也可以不出现。其二，在语义上，汉语主语既能表示施事者，又能表示受事者；既能表示时间，又能表示地点；既可以是名词，也可以是动词或者形容词。

而在英语句子中，主语在绝大多数情况下是不能缺失的，并且有严谨的主谓一致规定，通常由名词性短语和动词性短语构成。也就是说，英语句子具有主次分明、层次清晰、逻辑清楚、严谨规范的特点。例如：

示例 1：

原文：作业（受事主语）写完了。

译文：The homework has been finished.

示例 2：

原文：全村到处在盖新房。

译文：New houses are being built all over the village.

在示例 1 中，homework 和作业都是句子的主语，且都表示受事。汉语句子中的“作业”在有上下文语境支持的情况下可以省略，不影响读者理解；而英语句子中的 The homework 则不能省略，只能用代词代替。除此之外，示例 2 中英汉主语表示的意义也不相同，英语句子中的“New houses”

表示受事，而汉语句子中的“全村”却表示地点主语。

（四）英汉时态差异

英汉句子的时态差异也是这两种语言表达的明显差异之一。汉语句子多使用主动语态，虽然汉语中也有像“被”“由”之类的词表示某个动作的发生是被动的，但这种表达还是少数；而在英语句子中，被动语态是很常见的，因此很多汉语中的主动表达翻译成英语就变成了被动。以下是一组常用的英文短语：

必须指出……	It must be pointed out that...
必须承认……	It must be admitted that...
人们认为……	It is imagined that...
不可否认……	It can not be denied that...
由此可知……	It will be seen from this that...
必须认识到……	It should be realized that...
人们（总是）强调……	It is（always）stressed that...
可以毫不夸张地说……	It may be said without fear of exaggeration that...

三、多元文化视域下的英语语法教学

（一）教学内容要有针对性和选择性

基于多元文化的发展环境，高校英语教师应该明确高校英语语法教学的内容不只是学生在九年义务教育阶段学到的语法知识，因为这样的内容并不能引起学生的学习兴趣，甚至会引发学生的反感。教师应该根据高校英语语法教学的教材，结合学生的实际掌握情况，有针对性地选择教学内容。这个过程一般包括两个步骤：第一，在正式授课之前，教师可以以调查问卷或基础测试的形式，检验学生对英语语法的掌握情况，然后在备课时重点准备学生掌握欠佳的语法内容，通过课堂教学帮助学生温故知新，打好学习新的语法知识的基础；第二，为了进一步提升学生学习英语语法的积极性和兴趣，教师可以将语法教学与文化教学有机地结合在一起。如在举例讲授句法知识时，在例子中加入文化知识的内容，帮助学生加深语法学习的印象，了解英语注重逻辑思维和抽象思维的特点。

（二）语法教学与技能培养相结合

多元文化背景下的高校英语语法教学不应再以支配性的角色独自出现，而应与其他技能培养相结合，如与英语听力技能和口语技能的培养相结合。听说能力的培养是为了发展学生的英语综合应用能力，提高学生的跨文化交际意识，这一点与语法知识的学习是不矛盾的，因为语法教学的目的也是帮助交际者更有效地表达和传递信息，以推动交际的进行，实现理想的交际效果。

（三）采取交互式教学方法

多元文化影响下的交互式教学方法即高校英语教师通过设计和开展交互式教学活动传授给学生英语语法知识和英语文化知识的方法。交互式教学活动一般有三种类型，除了常见的师生互动和学生之间的互动以外，还包括学生与计算机多媒体设备之间的互动。很显然，学生与计算机多媒体设备之间的互动需要借助多媒体教室和网络信息技术，这就需要学校提供相应的教学条件。无论是哪种类型的互动，都需要教师精心设计互动的方式和内容，这都是为了加深学生对各类语法知识的理解和各类文化知识的掌握，从而激发学生参与跨文化交际的积极性和主动性，提高学生的跨文化交际能力，为跨文化交际活动的实践做好准备。

第四章　多元文化视域下的高校英语语言能力教学

第一节　高校英语听力教学

一、英语听力教学的意义

（一）听力教学有助于学生巩固英语语言知识

高校英语教师可以通过开展英语听力教学活动，帮助学生巩固之前学到的英语语言知识，并引导学生构建自己的英语知识体系。这主要是因为英语听力中的“听”并不是没有目的地、随意地听，听的过程实际上是一个信息处理的过程，其中包括对语言信息的接收、整合和理解。听者对接收到的信息需要按照自己的思维进行归类、整理和解析，最终得出正确答案。由此可见，通过听力教学，学生既可以训练自己的听力技能，又可以通过接收和理解信息学到语言使用的规则，从而促进自己英语知识体系的建构。

（二）听力教学有助于提高学生语言运用的能力

“听”是一种语言信息的输入活动，听力教学是培养语言信息输入能力的重要途径，通过开展英语听力教学活动，学生能够掌握辨别、组合和理解语言声音符号信息的能力，进而正确地接收和理解交际活动中另一方的话语含义。这种语言信息输入能力的培养为学生综合语言运用能力的培养奠定了基础。听力是提高语言表达能力，包括口语表达能力和书面语表达能力的基础，因为只有拥有足够的、可理解的语言输入才能进行有效的语言输出。综上所述，听力教学能帮助学生提高英语语言的综合应用能力。只有提高听力教学的质量，口语教学、写作教学、跨文化交际教学等教学活动才能顺利

进行。

（三）听力教学有助于学生发展英语语言思维

众所周知，英语和汉语具有不同的语言思维方式，良好的英语思维与英语语感有助于促进学生的英语学习，而要想培养英语语言思维和英语语感，就需要给学生输入大量的听力材料，开展大量有效的英语听力训练。通过参加英语听力训练，学生能快速掌握英语的表达方式和思维习惯。英语思维的形成与应用反过来又能促进英语听力的培养和提升，进而提高英语的口语、阅读、写作和翻译能力。

二、多元文化视域下的高校英语听力教学

（一）文化因素对英语听力的影响

1. 文学典故因素对英语听力的影响

在多元文化的交际环境中，英语国家交际者有时会引用一些英语文化中众所周知的文学典故来表达自己的意思，此时学生就需要积累相关的文化知识或根据上下文语境来判断对方话语的真实含义。例如：

We won't kill the goose that lays the golden eggs, we will not develop our economy at the expense of the environment.

在这句话中，学生基本能理解第二个短句的意思是“我们不会以破坏环境为代价发展经济”，但是对第一个短句的意思却似懂非懂。事实上，“kill the goose that lays the golden eggs”是西方文化中一个有名的文学典故，这一典故源自《伊索寓言》。典故的原型故事是：从前有个人，有一只神奇的母鹅，这只鹅能生下金蛋。这个人以为这只鹅的肚子里边可能有金块，于是把鹅杀了，随后这个人发现这只鹅和别的母鹅没有什么区别。后来人们用这一典故表示为了满足眼前的需要，牺牲将来利益的做法。结合下一句话“不会以破坏环境为代价发展经济”，学生就能理解整句话的含义。又比如：

He is not as simple as he looks. He is a wolf in sheep's clothing.

在上述表达中，“a wolf in sheep's clothing”是一个固定表达，这一表达也出自《伊索寓言》。讲的是有一只狼为了混进羊群里吃羊，为自己找来了一张羊皮披在身上，随后牧羊人把狼关进了羊群，狼吃掉了几只羊，但没过多久它就被牧羊人发现并杀死了。后来人们用“a wolf in sheep's clothing”来喻指事物的外表有时会掩盖它的本质，所以我们不能只凭借表面现象来判

断事物的好坏。结合上一句“他不像表面上看上去那样简单”，学生就能理解这句话的意思。

2. 物质生产活动对英语听力的影响

物质生产活动是人类开展其他活动的保障和前提，充分的物质生产活动丰富了人们的精神和物质生活，产生了不同的文化，这些文化体现在人们的话语表达与日常交际活动中，也是影响学生英语听力的重要文化因素。英国临近海边，航海事业的发展历史悠久，与航海相关的文化内容也很丰富，很多独特的语言表达也与海洋、航海有关。例如：

原文：Though I am just a drop in the ocean, I'll try my best to help those who are in trouble.

译文：虽然我只是沧海一粟，我会尽我所能去帮助那些有困难的人。

其他与海洋、航海有关的表达还有：

in full sail——全力以赴

all at sea——茫然不知所措

sail before the wind——取得成功

trim the sails to the wind——顺势而为

同样，畜牧业的发展对英语语言文化的影响也很大，举例来说，牧羊业中与“羊”和“羊毛”有关的习语有：

follow like a sheep——盲目遵从

sheep without a shepherd——乌合之众

lose one's wool——丢失羊毛（意为发脾气）

like a sheep to the slaughter——陷入险境而不知

as a sheep among the shears——人为刀俎，我为鱼肉

3. 生活常识对英语听力的影响

在美国电影《阿甘正传》中，主人公阿甘曾这样形容他和珍妮之间的关系：“We are like peas and carrots.”。如果不了解西方的饮食文化，学生在听到这句话的时候就会感到十分费解，为什么两人的关系像豌豆和胡萝卜？其实这是因为在西餐中，豌豆和胡萝卜是两种经典的辅菜，它们经常搭配出现。这句话的意思是说阿甘和珍妮两人关系亲密、形影不离。又比如：“He loved his sons, but his daughter was the apple of his eye.”。这句话用到的习语“apple of the eye”意为掌上明珠，珍贵的宝贝。其中“apple”原指瞳孔。

古时候的西方人认为人的瞳孔是固体球形物，形状如苹果的果实，因此便将瞳孔称为“apple of the eye”；又因为瞳孔对于人来讲是非常宝贵的，人们需要像呵护珍宝一样呵护它，因此后来用这一短语喻指珍爱的人或物。

（二）多元文化下听力教学的开展

多元文化下高校英语听力教学的开展需要注意，在传授听力语言知识和技巧的同时，加强文化背景知识的传授。也就是说，英语教师在设计和组织听力教学活动的过程中，应该根据听力教学的目标，结合学生的英语水平，有计划、有针对性地导入文化背景知识；在提高学生英语听力能力的同时，丰富学生的英语文化知识储备。教师可以从以下三个方面开展听力教学。

1. 培养文化意识，增强学习兴趣

在高校英语听力教学中，教师不仅要传授英语听力语言知识，还要培养学生的文化意识，提高学生学习英语的兴趣。教师必须使学生认识到，文化背景知识的学习对英语听力水平的提高是非常有帮助的，因为语言是融合在相关文化知识中的，对这些文化知识的掌握有助于理解语言的真实含义，甚至在交际过程中可以预测对方接下来会说些什么。除此之外，相关文化背景知识还能增进听者对谈话环境的了解，也可以帮助听者理解不同文化背景下对方对某些事物或现象的不同看法。总而言之，听者想要成功理解接收到的信息内容，就必须同时掌握语言知识和文化背景知识，这二者缺一不可。除此之外，教师还需使学生懂得文化意识的培养和文化背景知识的学习还能提高自身的文化素养，发展自身的人文素质。当学生意识到学习文化背景知识的诸多益处之后，就会自然而然地愿意参与学习，提高学习的积极性和主动性。

2. 精心选择教材，确定教学内容

高校英语教师要将英语听力知识与英语文化背景知识结合在一起开展教学，就必须有相应配套的教材。英语教师应精心挑选英语听力教材，所选教材内容应该包含英语文化背景知识的介绍。例如，选择一些国外原版的英语教材。这些英语教材通常包含许多英美文化与传统风俗习惯、社会制度等方面的内容，可以用来开展听力与文化教学。利用这些教材，英语教师可以在培养学生英语听力能力的同时，向学生讲授英语词汇的文化意义以及中西方文化的异同。除此之外，西方的影视剧资源、综艺节目资源等线上资源具有

时效性和趣味性的特点，也可以当作练习听力的好材料，教师可以选取其中具有教育意义或者生动有趣的片段作为开展听力教学的材料，帮助学生直观地感受英语语言文化知识。

3. 设计教学方式，丰富学习形式

英语文化背景知识的教学不应该局限在英语课堂之上，因为课堂学习的时间是有限的，很难在短时间内使学生沉浸在英语语言文化的环境中。因此教师需要转变教学方式，采用合作学习、自主学习的教学方式，鼓励学生选择分组合作或独立开展的学习形式，就某一文化主题在课下收集和整理相关的文献资料；然后在课上进行文化知识的介绍，将听力教学与口语教学相结合；教师给予相应的辅导，最终帮助学生提高文化知识水平、英语听力水平和英语口语水平。

与此同时，高校英语教师要传授给学生自主学习的方法策略，鼓励学生利用学校的资源系统和自学设备，自主开展听力练习与测验；或者向学生推荐介绍英语文化的视听节目；如果有条件的话，还可以举办文化专题讲座，邀请外国留学生或外国专家介绍西方传统文化、风俗习惯、社交礼仪等。

第二节　高校英语口语教学

一、高校英语口语教学的意义

作为人类交往媒介的英语，同大部分语言一样，是一种有声的语言。它有自己独特的发音、书写形式和内涵意义。人们可以使用英语的发音和拼写来传递信息、交流思想和沟通感情。在正常的交际过程中，人们通过听力和阅读来获取信息，通过口语和写作来表达信息、传递信息。听力、口语、阅读、写作这四种能力在交际过程中相辅相成、互相促进，都是正常交际活动乃至跨文化交际活动中不可缺少的技能。

（一）口语教学有助于学生英语词汇的积累

英语词汇的理解和记忆一直是众多外语学习者需要克服的难题。在英语学习过程中，单个词的拼写和含义不利于学习者的大量记忆，而语句、段落是有情节的。将单个词放在句子和段落里，多读几遍，就更容易理解单词的

含义，也更容易记忆。英语口语教学能帮助学生开展口语训练，学生在口语训练中会接触很多陌生的词汇和语法，这对于学生积累词汇、熟练运用词汇以及短语来讲十分有益。一般来说，英语表达能力强的学生更擅长通过口语训练积累词汇，并借此提高口语表达能力。

（二）口语教学有助于学生英语语感的培养

要学习英语就必须培养英语语感，语感是构成学习者英语素质的核心因素。英语水平高的人一听到英语就能立即领会说话人想要表达的意思，同时能立刻根据交谈的实际情况用英语给出自己的回应，这主要是英语语感在起作用。语感能帮助人们不必有意识地去考虑词形变化、句子构成成分等语法因素，就能正确地组织语言表达自己的想法。

然而任何一种语言的语感都不是天生的，而是依靠后天的培养和学习获得的。虽然学习和练习英语语法规则、记忆英语词汇、培养英语思维方式有助于英语语感的形成，但只依靠英语知识和英语思维是无法形成语感的，只有实践才能检验这些词汇知识、语法知识的正确用法。英语口语教学可以通过开展口语实践活动帮助学生培养语感，这是因为在口语实践活动中，学习者通过视觉、听觉等各种感官，不断接触新的语言材料，积累新的词汇知识，进而对英语的语音、语调、语义及语气产生较为深刻的认识，这样日积月累，就逐渐养成了英语语感。

（三）口语教学有助于提高口语表达能力

学习者在学习英语的过程中，最开始只是学习和模仿语音、语调，当然也少不了英语教师在纠正口型和舌位方面的帮助。学习者经过和教师的共同努力，才能克服发音不标准的困难。同理，要想进一步培养和提高学生的口语表达能力，相应的口语教学和训练必不可少。其一，口语教学和口语训练有助于学生克服不擅长用英语表达的心理障碍，教师在课堂上培养学生大声朗读的习惯，学生在课下才敢开口说英语。经过教师的引导和训练，学生不再害怕用英语表达自己的想法。其二，通过朗读英语对话、文章等英语资料，反复练习英语口语，能帮助学生形成一定的英语语感，并初步养成自己的英语思维方式。

（四）口语教学有助于提升其他英语语言能力

在高校英语教学工作的开展过程中，口语教学不仅仅是培养学生口语能力的教学活动，还是促进学生其他英语语言能力发展的重要手段。听力和口语表达是相互依存、相互影响的关系。学生通过口语表达可以更加深刻地理解话语的语气、语调、重音、节奏等所包含的话语信息，并掌握重读、弱读、连读、不完全爆破等发音要领，这必然会增强学生的辨音能力，进而提高学生的听力技能。

在当前的教育环境下，书面语仍是高校英语教学的重点教学内容，这就导致学生在教学过程中接触的大部分语句都是结构完整、语法规范的句式表达。其中，定语从句、状语从句、表语从句较多以及长难句较多。这些书面语和日常生活中人们用来交际的口语有很大的区别。然而，随着近年来语言学和语言教学科学研究成果的发展及传播，人们对口语和书面语的关系有了新的认知，人们开始认为口语和书面语应该被看作语言形式的统一体。传统上被视为口语和书面语的所有结构，在两种语体中常常交叠出现。与此同时，当前口语表达的内容也更加复杂。在很多正式场合，如学术交流、商贸会谈、求职面试、外交谈判等场合，人们常会使用大量类似书面语的词语和句子结构。有不少学者支持在英语教学中加入高度规范、精确的口语。因此，口语教学需要和书面语教学结合起来，这样能更好地促进学生书面语能力的提升。

口语教学和口语训练还能促进学生英语写作能力的提升。人们在日常的交际活动中，通常会使用自己掌握比较熟练的词汇、短语以及其他语法结构。这些语法结构是他们用英语进行思考、表达的重要组成因素。在用英语进行写作时，这些使用频繁的语法结构会首先出现在写作者的思路中。因此，在口语训练中掌握规范的话语，有助于提升学习者的写作能力。

二、多元文化视域下的高校英语口语教学

（一）文化因素对英语口语的影响

1. 词汇影响英语口语

各民族语言中除去一部分通用的核心词汇外，许多词汇都包含该民族特定的文化信息，即“文化特色词”。这部分词汇会影响学习者的英语口语表达，因为学习者通常习惯以自身的文化标准去理解这些词汇。比如，当学习者看到 yellow book 这一词汇时，因为在汉语文化中“黄色”和书籍搭配在一起时有淫秽的含义，因此学习者容易将这一词汇理解为“黄色书刊”；但

在美国文化中，由于人们喜欢用黄色的纸印刷电话簿，因此人们称电话簿为 yellow book，也就是说，yellow book 的本义并不是什么黄色书刊。此外，汉语和英语中还有一部分词汇的语义是部分对应或完全不对应的关系。其中部分对应是指两种语言中词语意义范围不同，如英语词范围广，与之对应的汉语词范围窄；或汉语词范围广，而相应的英语词范围窄。汉语词范围广，如汉语中的“叫”一词兼具英语中 call、cry、shout 等词的含义。英语词范围广，如英语中的 river 一词具有汉语中“江、河、川”等词的含义，英语中的 net 一词具有汉语中“网、帐子、网络”等词的含义。

词汇语义完全不对应的情况则是指受各自语言文化因素的影响，英语和汉语中的有些词汇被赋予了特殊的社会文化内涵，这类词一般难以在对方的语言中找到含义相同或相似的词语表达。这一现象也被称为“词汇空缺”。例如：

macaron——马卡龙

bikini——比基尼

chocolate——巧克力

Santa Claus——圣诞老人

pasta——意大利面

糖葫芦——tanghulu

宣纸——rice paper

风水——fengshui

年画——New Year picture

由此可见，在跨文化交际活动中，交际双方均不能简单地将英汉两种语言的词汇简单对等。

2. 习语文化差异对英语口语的影响

习语是语言中的一种特殊表达，是经过历史的积淀和长期使用提炼出来的固定短语或短句。从语义角度分析，习语是一个不能分割的整体，不能从某一组成部分的意义推测出整体的意义；从结构角度分析，习语的各个组成部分有着各自固定的位置，不能随意拆开或移动。如果说语言是文化的载体，那么习语就是语言的精华，由此可见，习语承载着历史文化内涵。在使用英语口语开展跨文化交际的过程中，如果有需要使用习语的地方，必须清楚习语背后的文化内涵，否则就可能造成交际误解，甚至交际失败。例如，英语习语 like mushrooms（如同雨后春笋一般）不能简单地理解成“像蘑菇一样”，as cool as a cucumber（泰然自若）的意思不是“像黄瓜一样冷静”，as pale as a ghost（面无人色）也不是“像鬼魂一样惨白”的意思。

3. 语篇思维方式对英语口语的影响

说到语篇思维方式，首先我们应该了解什么是语篇。学术界对于语篇的定义并无统一的标准，因为这一直是一个有争议的话题。学者胡壮麟认为，语篇是指不完全受句子语法约束的，在一定语境下表示完整语义的自然语言，也就是说，语篇不局限于篇章内容的格式与大小，可以小到一个词或词组、一个小句，也可以大到一首长诗、一篇散文。基于此定义和分析，学者张德禄将语篇概括为具有意义的一个单位。本书结合以上两位学者的研究，将语篇定义为由词、词组、小句到多个句子组成的具有意义的单位。

了解了语篇的概念，就不难理解什么是语篇思维方式。语篇思维方式就是使用各种方式或手段建构语篇以表达、论证自己的观点或传递自身的情感。

英语和汉语在语篇思维方式上的差异会影响学习者对英语口语的表达。英语和汉语的语篇思维方式差异主要体现在以下三个层面。

（1）英语和汉语在词汇层面的语篇思维方式差异。段落是语篇的重要组成部分，在构成段落的词汇上，英语呈现出多变化、少重复的特点；汉语则呈现出多重复、少变化的特点。英语词汇的这一变化的特点是为了避免语言乏味，突出交流的多样性、丰富性。例如，在连续描述或表达自己的观点时，英语中习惯轮流使用“I think...”“I believe...”“I suppose...”“As for me...”等表达方式来代替单一的“I think...”。相比较而言，汉语中这方面的变化要求没有那么多。

（2）英语和汉语在句法层面的语篇思维方式差异。英语和汉语在句法层面的语篇差异主要体现为英语中句子的重心多放在前边，而汉语中句子的重心多放在后边。这主要是因为受思维习惯和社会文化因素的影响，英语在构建语篇时通常是先阐述观点再加以论证，即判断在前、事实在后，或结果在前、原因在后；汉语则完全相反，习惯先论证再提出观点，通过对事实的阐述得出相应的结论，对原因的介绍得出事情的结果，即句子表达的重心在后。例如：

英语表达：I was all the more delighted when, as a result of the initiative of

your government, it proved possible to reinstate the visit so quickly.

汉语表达：由于贵国政府的提议，才得以重新这样快地实现访问。这使我感到特别高兴。

在上述示例中，英语和汉语语句都在陈述事情发展的因果关系。很显然，英语语句是先结果后原因，汉语语句是先原因后结果。也就是说，把重要信息放在前边讲的就是英语中的前重心表达方式，把重要信息放在后边讲的就是汉语中的后重心表达方式。

（3）英语和汉语在多个句子合成层面的语篇思维方式差异。汉语在由多个小句组成的语篇中更注重语句之间的自然衔接与连贯。通常情况下，汉语语篇是通过使用一些小词来实现这些语句的自然衔接与连贯的。汉语语篇的这一表达特征与英语语篇存在一些差异。这些差异突出表现为：汉语多例证，英语多论证。

例证和论证是指在证明语篇的观点时，通过什么样的方式证明、强调语篇的观点。在汉语语篇中，例子的证明作用十分明显，而英语语篇却正好相反。在证明语篇观点时，通常使用演绎法或归纳推理法来论证，一般只会举一个例子来解释观点的合理性。例如，当用英语和汉语来证明读书很重要这一观点时，汉语语篇一般是通过各种名人名言、伟人事迹来论述努力学习对取得成功的重要意义；相比之下，英语语篇则一般会理性地从读书是什么、为什么要读书和怎样读书才正确这三个不同的角度去论证。例如，在英国学者培根的《论读书》一文中，作者首先介绍了人们为什么要读书，即读书的重要性；然后在此基础上介绍了三种常见的读书方法，论述了哪一种才是最正确的，从而引发了人们对读书的思考，达到了文章想要表达什么的目的。

因此，学习者要想学好英语口语，必须要清楚以上汉语和英语在语篇思维方式上的三种差异，在跨文化交际活动中多用英语语篇思维方式建构句子、段落，以便获得更好的交际效果。

（二）多元文化下口语教学的开展

1. 培养学习者宽容的语言态度

英语作为一种国际化的语言，其非母语使用人数远远超过了其母语使用人数，粗略统计，全世界使用英语的人数已接近世界总人口数的25%，而学习英语的人数则更多。面对这一现实，高校英语教师有义务引导学生充分认识到学习英语不只是可以同来自英国、美国、澳大利亚等以英语为母语的人们进行交流，还可以使用英语同来自其他国家和地区的人们进行跨文化交流。

近年来，随着中国综合国力的增强和国际地位的提升，学习汉语的国家和地区也日益增多。教育部最新统计数据显示，截至2021年年底，联合国教科文组织等10个联合国下属机构将中文作为官方语言，180多个国家和地区开展中文教育，76个国家将中文纳入国民教育体系。未来将会有更多的人接触汉语，学习汉语。在与这部分想要学习汉语的群体接触时，如果我们想要将汉语语言知识和文化介绍给他们，英语将会是一个非常重要的媒介。尤其对于那些出国授课的国际汉语教师来说，更需要英语帮助他们在国外顺利地工作和生活。

高校英语教学兼具三项重要任务：其一，教授学生专业、地道的标准英语，帮助学生使用英语同世界各国、各地区的人们开展友好的交流与沟通，促进不同文化之间的和谐相处；其二，照顾那些英语非母语使用者的心理需求，在口语教学中培养学习者开放、包容的语言态度，增强他们对多元文化的认知与理解，提高跨文化交际的意识与能力；其三，引导学生学会用英语简单介绍汉语的语言知识和文化，为中华优秀传统文化的对外传播贡献自己的力量。

2. 增加更多自然语言的输入

多元文化体现在语言上首先是不同文化下口语表达的差异，基于这一考虑，高校英语口语教学应当适当创新口语训练的方式和内容，增加多元文化语境的能见度，在口语教学内容的选择和设计上增加自然语言的成分。如按照真实情境的谈话内容，世界各地不同文化背景下的口语表达可能各有特点，甚至可能有不符合语法规范的地方，如话语的重复、省略、简化等。高校英语教师要使学生掌握不同文化情境中英语的自然表达方式，所选的口语教材就不能只有一种，而是要想办法多收集一些辅助性的口语表达资料，特别是用真实的录音资料来帮助学生练习口语。不同文化背景下人们的语言表达内容和风格千差万别，英语教师要让学生接受和适应这些具有文化特色的口语语境，以提高学生学习的灵活性和培养学生的创新精神，适应时代和社会发展的需求。

3. 发挥交际动机与文化认同的作用

在高校英语口语教学中，交际动机以及对英语国家、文化的认同态度对

学生的口语学习发挥着关键性的作用。高校英语教师要使学生明白，学习英语口语的目的是发挥英语作为跨文化交际工具的作用，并充分利用由此产生的交际动机去提高学生学习英语的积极性与主动性。与此同时，当今世界多元文化发展迅速、影响广泛，英语口语教学也要根据时代发展的需要不断更新教学内容，所教授的知识也需要与时俱进，适应社会建设和学生全面发展的需要。

高校英语教师还可以利用学生对英语社会文化的认同态度，使学生产生了解英语文化的兴趣和欲望，当然这么做的前提是教师本身就对多元文化的背景和特点有着丰富的认知。除此之外，教师更要考虑到学生走出校门后，如果遇到真实的跨文化交际情境是否能用到在学校学到的英语知识，所以，教师要适当给学生讲授一些有实际操作性的技巧。

第三节　高校英语阅读教学

一、高校英语阅读的重要作用

（一）阅读是最便捷的英语教学方式

与英语听力教学、口语教学相比，英语阅读教学可以说是更为便捷、经济、自由、独立的英语教学方式，无论是教师讲授还是学生自学，只要拥有一本书、一本字典，就可以开展阅读教学或阅读学习。另外，对于英语教学来说，阅读教学还是一种更为现实、有效的，帮助学生积累英语语言知识的形式。由于英语教学在中国属于第二语言教学，因此缺乏目的语教学的语言环境，所以也就缺少目的语语言知识和文化知识的输入。对于多数英语学习者来说，通过听的途径来实现语言的大量输入，掌握大量的英语语言知识也不太现实。而足够的语言输入是掌握一门语言的前提和基本保证，没有了这个前提，语言的掌握和运用就无法实现。无论是之前还是现在，英语阅读都是中国学生更为有效地积累英语语言知识和文化知识的途径。

（二）阅读是培养语感的最佳方法

科学研究表明，良好的英语水平是可以通过阅读培养出来的，好的语感的形成更是离不开大量的阅读。获得语感的重要方式之一就是参加自然语言实践，即通过接触大量的言语材料，使大脑自动形成言语本身的使用规则，进而使学习主体形成一种言语结构。人们的母语语感就是通过这种方式形成的。对于非母语的学习者来说，能接触足够多的英语言语材料的机会就是进行大量的阅读。“读书百遍，其义自见”说的就是这种自然习得的方式。

当前，很多英语学习者都认为英语阅读学习是枯燥的、困难的。但事实是我们可以采用更简单、更轻松的方式进行英语阅读。对于英语水平不高的学习者来说，如果想通过阅读提高自己的知识积累，就可以选择适合自己水平的、稍微简单一些的英语读物，从简单的知识学起，选择生动、有趣又有一点挑战性的读物，而不是一开始就选择难度较大的英文原著；对于有一定英语基础的，想要深入了解和研究英语语言文化的学习者来说，可以选择有一定难度的英文读物，如新闻报道、报刊选读、文学名著等资料进行学习。

（三）阅读可以提高学习者的技能和兴趣

英语学习者可以通过阅读培养自己的阅读能力，并借助阅读能力影响和发展英语综合应用能力中的其他能力，如听力、口语、写作和翻译的能力。阅读可以增加学习者的英语知识含量，这种知识含量不仅体现在语言方面，更体现在文化方面。当学习者通过阅读掌握相关英语语言文化知识后，他就可以采用各种方法和技巧将这些知识应用到英语语言的实践过程中。如学习者可以将阅读学到的知识、观点用在与他人讨论问题的跨文化交际过程中，或者用在写作英语文章的过程中。

随着阅读量的不断增加，学习者掌握的英语语言文化知识也会不断增加。在这个过程中，学习者的注意力很可能被阅读材料中的内容所吸引，进而脱离原本的阅读材料，收集其他相关资料继续了解和学习。如此一来，学习者就能感受到英语学习的进步，进而增强学习英语的信心。

（四）阅读能够促进学习者的全面发展

英语阅读不仅能帮助学习者积累英语语言文化知识，提高阅读能力，还能帮助学习者提高听力、口语、写作和翻译的能力，最重要的是英语阅读能培养学习者抽象概括、总结归纳、逻辑推理等方面的英语思维能力，所以说阅读能力的提高可以促进学习者的全面发展。

二、多元文化视域下的高校英语阅读教学

（一）文化因素对高校英语阅读教学的影响

1. 词语理解对高校英语阅读的影响

文化因素对英语阅读的影响首先反映在词语理解的层面上。这主要是因为语言中的某些词语承载着一个国家或地区的文化精髓和文化特色；也就是说，这部分词语中带有该国家或地区特有的文化信息和文化内涵，这些信息和内涵在其他国家或地区的文化中是没有或者不对等的。学习者如果在英语阅读的过程中遇到这些词语，单看其字面意义是无法对它们有深入理解的，只有了解它们产生的文化背景知识才能掌握其真正的含义。英语习语、成语、谚语是这种情况的代表。例如：

The book must be her swan song.

错误解读：这本书一定是她的天鹅之歌。

正确解读：这本书是她的辞世之作。

在这个例子中，如果将“swan song”按照字面意思解读成“天鹅之歌”，肯定让人摸不着头脑，因为事实上这一表达源自西方的一个古老传说。相传天鹅在临死的时候会发出美妙的歌声，因此加上“这本书”，正确的解读应该是“辞世之作”。又比如：

My sister Jenny works at a full-time job and has two young babies to take care of when she gets home in the evening. Her husband Bob tries to help out, of course, but he just isn’t too handy with kids. Believe me, her life these days is no bed of roses.

错误解读：我的姐姐珍妮有一份全职工作，但她晚上下班回家还得照料两个孩子。她的丈夫鲍勃当然也试着帮她分担家务，但是鲍勃就是不太擅长带孩子，所以相信我，珍妮眼下的日子可是没有“玫瑰花床”。

正确解读：我的姐姐珍妮有一份全职工作，但她晚上下班回家还得照料两个孩子。她的丈夫鲍勃当然也试着帮她分担家务，但是鲍勃就是不太擅长带孩子，所以相信我，珍妮眼下的日子过得并不舒坦。

在这个例子中，如果不考虑“bed of roses”的文化隐喻，直接将其理解为“玫瑰花床”是错误的。结合前文的描述也能大概猜出这个短语想表达的意思是珍妮现在的生活过得并不轻松。事实上，“bed of roses”这一短语在英语文化中的含义就是被人们用来比喻称心如意的境遇，但是近年来“bed of roses”却更常和 not 或者 no 连用，成为否定形式。这一短语用在这段话中，形象地描绘了珍妮夜以继日、十分辛苦的生活状况。

2. 理解对英语阅读的影响

在英语阅读教学中，文化因素不仅存在于常见的词语层面，而且存在于句子层面，句子层面的文化差异给学习者造成了理解句子含义的困难。比如谚语，作为英语语言文化的重要组成部分，是流传于民间的比较简练且言简意赅的话语，多为口语形式的通俗易懂的短句或韵语。丰富的谚语活跃在英语文化圈，影响了学习者的阅读认知。例如：

Try not to mind other people’s business and remember curiosity killed the cat.

字面含义：不要多管别人的事，记住好奇心害死猫。

深层含义：不要多管别人的事，记住知道得太多容易让自己卷入是非。

“Curiosity killed the cat.”这句谚语出自英国著名侦探小说《命运之门》，这句话常用来劝阻别人问太多问题，因为好奇心（当你十分渴望了解某些事情时）会为你带来未知的危险。西方传说中猫有九条命，但好奇心会害死猫；在日常生活中也可以看到那些天性比较爱四处探索的猫，往往会陷入麻烦，由此可见好奇心会造成的严重后果。又比如：

Actions speak louder than words.

字面含义：行动比言语更响亮。

深层含义：事实胜于雄辩 / 行动胜于言辞。

“Actions speak louder than words.”这句话出自美国诗人亨利·沃兹沃斯·朗费罗（Henry Wadsworth Longfellow）的长诗《海华沙之歌》。后来人们用这句话表示人如果有理想、有目标，不能光说不干；千言万语不如开始行动，理想不可能在空谈中变成现实，只有行动才有可能帮助我们实现目标。还有一句特别有名的谚语：

Don’t put all your eggs in one basket.

字面含义：不要把所有的鸡蛋放在一个篮子里。

深层含义：不要孤注一掷。

“Don’t put all your eggs in one basket.”这句话是一句民间谚语，意思是如果你把所有的鸡蛋放在一个篮子里，如果这个篮子打翻了，那么你就会损

失所有的鸡蛋。因此，要把鸡蛋放在不同的篮子里，这样万一其中一个篮子不幸打翻，其他篮子里的鸡蛋还是完好的。比喻人不应该把所有的财富存放在同一个地方或者不要把一切希望寄托在一件事上。

3. 语篇理解对英语阅读的影响

文章是以语篇的形式呈现的，所以英语学习者在阅读英语文章时不仅要注意词汇、句子层面的文化知识背景，还要了解整篇文章的语篇结构及其涉及的文化知识背景。中西方思维方式的不同会导致人们在建构文章结构时的思维不同。中国人归纳式的思维方式体现在文章结构上就是“归纳建构法”，即在论述某一话题时，采取由次要到主要，由背景到任务，从相关信息到主要话题的发展过程，通常把对某一事物的看法或对别人的意见和建议等主要内容放在最后，这是逐步达到高潮的讲话方法。西方人演绎式的思维方式则引导他们采用“逆潮式”的演绎法来表达自己的看法。这种方法的特点就是把话题观点放在讲话的最前边，以引起听话人或读者的重视，接下来进行对观点的逐步论证。这种思维模式造成的篇章结构的不同会使英语学习者在阅读时感到不适应。

此外，如果缺乏对语篇所涉及的文化背景知识的了解，英语学习者也会在阅读过程中感到迷茫。例如，文章的主题是介绍西方人的婚礼，婚礼上新娘准备了四种服饰，分别是“the old one”“the new one”“the borrowed one”“the blue one”。这个背景介绍的意思是西方人结婚时，新娘会提前准备好四种服饰：旧的服饰象征着新娘与自己原生家庭之间的感情以及与过去生活之间的联系；新的服饰象征着她即将开始新的生活；借来的服饰一般是从婚姻幸福的朋友那里借来的衣服，希望他们的幸福能传递到新娘身上；而蓝色的服饰则代表新娘有一颗纯洁、忠于爱情的心。这四种服饰虽然有各自不同的含义，但都寄托了新娘对未来婚姻生活的向往，也代表了外界的衷心祝福。如果学生不了解这四种服饰的文化含义，在阅读时就会产生困惑。

（二）多元文化下高校英语阅读教学的开展

1. 坚持多样化的教学原则

多元文化视域下的高校英语阅读教学需要遵循因材施教、循序渐进和互相关联的教学原则。

（1）因材施教。在开展高校英语阅读教学的过程中，英语教师需要遵循因材施教的教学原则。因为每位学生的英语水平和文化兴趣是不一样的。根据当前以学生为中心的教育理念，英语教师需要观察不同学生的文化关注点，并选择恰当的教学方法满足具有不同水平、不同兴趣的学生的学习需求，提升每个学生的阅读技能和阅读水平。

（2）循序渐进。由于学生英语水平的参差不齐，高校英语教师在组织和开展英语阅读教学的集体授课时，不要一上来就选择那些难度比较大的、不好理解的文化知识作为授课内容，而是要遵循循序渐进的教学原则，由浅入深、由简单到复杂，逐步进行相关文化知识的介绍和讲授。

（3）互相关联。所谓互相关联是指英语教师在阅读教学中导入的辅助性教学材料应该以文章主题、文章作者、文章写作背景等相关背景知识为主。因为这些信息都是影响文章创作的重要信息，掌握这些信息内容有助于学生更好地理解文章的观点和内涵。需要注意的是，互相关联原则虽然要求英语教师在阅读教学中进行文化背景知识的讲解，但必须是在不影响材料本身讲授的基础上。文化知识的导入和讲授要占据合适的比例，不能喧宾夺主，将阅读课完全变成文化课。

2. 坚持多样化的教学导入

（1）导入内容的多样化。多元文化视域下高校英语阅读教学的开展要求教师在导入教学内容的时候要注意多样化的特点要求。

第一，教师所选内容材料要经常变化体裁、风格，不能局限于一种。这样才能满足学生多样化的学习需求，使学生熟悉各种体裁文章的不同行文特点、行文风格，从而积累各方面的英语知识文化。英语文章阅读中可以选择的文章体裁有散文、诗歌、戏剧、小说、新闻报道、时事评论等，可选择的文章风格有浪漫主义风格、现实主义风格、理想主义风格、哥特风格等。

第二，教师所选内容材料不能局限于一种主题，而应经常变换题材，这样才能提高学生在不同知识领域的文化水平，增强英语阅读理解的能力。英语教师选择的阅读材料中应该包括历史、文学、教育、风俗习惯、社会制度、百科知识等不同领域的题材。

（2）导入形式的多样化。多元文化视域下高校英语阅读教学要求教师在导入教学内容的时候，要注意导入形式的多样化。导入形式多种多样，但主要集中在两个方面。

第一，根据教学的实际情况和学生的身心特点，采用注释、融合、体

验、对比等多种方法导入相关文化知识。

第二，利用多媒体教学设备和互联网信息技术，通过精心挑选的图片、视频、音频等资料对某一英语文化现象及事物进行解释和说明，从而让学生在良好的视觉和听觉体验中了解和掌握文章中所描述的文化内涵，体验中西方文化的差异。

3. 坚持多样化的教学方法

在多元文化视域下开展高校英语阅读教学需要使用多样化的教学方法，教师可参考以下两种教学方法。

（1）“阅读圈”教学法。所谓“阅读圈”教学法就是引导和组织学生通过自主阅读、自主讨论与自愿分享的方式掌握英语知识和文化的方法。在“阅读圈”内，每位学生都自愿承担其中的一个角色，负责一项指定的工作，并一起进行读后反思。“阅读圈”教学法的主要目的是培养学生的阅读、思考和交流能力，“阅读圈”活动小组成员在活动开展前期做好充分的准备是活动顺利进行的保障。在多元环境背景下开展“阅读圈”英语阅读教学活动主要包括以下几个步骤。

①设计任务。英语教师将某项英语文化内容设为活动专题，明确活动目标和活动任务，选择并确定活动中需要用到的阅读材料，并设计一些学生感兴趣的、具有教育意义的问题，帮助学生规划好解决这些问题、完成活动任务的学习模式。

②布置任务。在设计完活动任务之后，教师需要为学生布置具体的任务。在布置任务之前，教师首先要根据学生的特点，将学生分为人数基本相同的“阅读圈”，每个圈子里有六七个人。“分圈”完成后，教师再向学生介绍活动的任务和规则，然后鼓励学生在“阅读圈”内承担一定的角色，如表 4-1 所示。

表 4-1　“阅读圈”英语阅读教学活动中的成员角色分配表

角色名称	具体任务
讨论组织者	主持整个阅读讨论的过程，提前准备相关问题供成员讨论
词汇总结者	挑选出阅读材料中涉及文化教学内容的重点词汇、短语和句子，引导成员开展讨论、学习

续 表

角色名称	具体任务
文化研究者	发现阅读材料中与本民族文化相同、相似或有很大差异的文化元素，引导圈内成员进行比较、分析
语篇分析者	分析文章的语篇构成方式，提炼重点语篇信息，与圈内成员分享
联想评价者	结合阅读材料与其中涉及的文化内容，对当前的社会文化发展动态进行批判性研究与评价
总结概括者	总结阅读材料中的所有文化要素和文化内容，总结和评价本次活动的成果和不足之处

③准备任务。英语教师布置完任务后，引导学生充分发挥主观能动性开展独立思考，并将需要讨论的问题以及自身思考的结果用文字记录下来。与此同时，由于“阅读圈”内的成员承担着不同的角色任务，英语教师应鼓励他们独立完成各自的任务，充分表达自己对英语文化的理解和看法。

④完成任务。在这一阶段，“阅读圈”内的每个成员依次汇报、分享自己的阅读成果，根据阅读材料进行信息加工和思维拓展，确定小组汇报的内容，并在课堂上展示最终成果。这一阶段是学生充分表达观点和自由讨论的阶段，有助于培养学生的多元文化意识和英语思维方式，因此英语教师需要特别关注这一阶段每位成员的表现。英语教师要掌控整个讨论过程，对讨论过程中可能出现的争论不休或偏离主题的情况要及时制止，使学生的关注点一直落在材料上。

⑤评价任务。在评价任务阶段，英语教师需要鼓励“阅读圈”中的学生进行自我评价和相互评价。在相互评价时，学生可以根据该“阅读圈”最终的成果展示以及各成员的讨论表现进行打分。学生自评和互评结束后，教师再进行活动总结，点评各“阅读圈”的整体表现以及学生的个人表现。需要注意的是，教师在点评时要注意尊重学生对不同文化的看法，关注学生对文化知识的掌握情况和跨文化意识的形成。

（2）“角色扮演”教学法。在高校英语阅读教学中，教师可以根据英语国家日常交往的风俗习惯和社交礼仪，对阅读材料进行改编或延伸，按照不同的言语功能，如问候、问路、购物、求医、求职等，设计相关情境，让学生进行角色扮演，演绎教师设计的情境，从而活跃课堂学习的气氛，提高学生的学习兴趣，并提升学生对交际知识、文化知识的掌握能力和运用能力。

第四节　高校英语写作教学

一、高校英语写作教学的作用

众所周知，文章和著作是记载人类文明，传播人类思想的重要手段。无论是文章还是著作，都需要依靠写作来完成。但无论是在母语中，还是在外语中，写作对于学习者来说都是一个难题。尤其是当学习者将英语作为第二语言进行学习时，英语写作就不仅是一种表达思想的手段，更是衡量学习者英语综合语言水平情况的标杆。学习者要想在英语写作方面有所成就，就必须拥有扎实的英语语言基础、丰富的英语文化认知、出色的英语思维方式以及英语语言的综合运用能力，这些也是英语写作教学的重要教学内容。因此，写作教学在英语教学中具有重要的地位。

二、多元文化视域下的高校英语写作教学

（一）文化因素对英语写作的影响

在第二语言应用的过程中，学习者至少要掌握此项语言两个方面的内容：一个是该语言的知识和结构，即语音、词汇、语法等；还有一个就是语言的应用方法，即判断语言使用是否得体的因素，如语言的使用是否符合说话者的社会身份，是否符合交际场合的需要，是否能达到交际的真正目的等。因此，中国的英语学习者想要学会使用英语，就必须了解英语语言中包含的文化因素以及本民族与英语国家民族之间的文化差异。接下来本节就从选词、造句和文体三个方面出发，探讨汉英文化差异对高校学生英语写作的影响。

1. 选词文化差异影响英语写作

同一个事物或现象，在某一种语言中只能使用一个词语进行表达或描述，但在另一种语言中，就不是只能使用一个词语进行表达或描述。而这种情况的发生就会导致不同文化背景的交际者产生理解和沟通的困难。比如，“Jenny’s brother met Henry’s sister.”只能翻译成“珍妮的兄弟遇见了亨利的姐妹”。因为“brother”在英语中既可以指哥哥，也可以指弟弟；“sister”在

英语中既可以指姐姐，也可以指妹妹。在没有上下文语境的情况下，我们无法判断其具体的含义，也就无法理解其确切的意思。从这个例子可以看出，对英语学习者来说，要想提高自己英语写作的水平，就要多掌握一些英语词汇，尤其要掌握多义词的不同含义。可以说，用词准确是写作的基本功，因为词汇是语言的基本要素，是民族文化凝聚的精华，所以文化因素在词汇方面的表现最为突出。例如，人们常常认为英语中的“eat”相当于汉语中的“吃”。但英语中的“吃饭”除了用“eat”之外，还会用“have”，而如果要表达“吃药”的意思就只能用另一个单词“take”了，如“take some medicine”。因此，用词准确是写作的基础，用词的技巧更是提高写作水平的关键。

词汇的含义一般由字面含义和文化内涵两个部分组成。而像成语、谚语、习语等词语表达是一个国家或社会群体语言文化的重要组成部分，尤其是成语，不仅含义丰富，而且使用起来需要一定的技巧。如果运用不得当，可能会造成误解甚至引发交际冲突。再者，英语词语与汉语词语尽管在分类上大致相同，但词语的功能却有很大差异。例如，在应惠兰教授主编的《新编大学英语》教材中有这样一段话：

I am sitting in a local restaurant offering takeout homestyle meals, surrounded by exhausted but happy shoppers, families out for Friday night dinner, and students taking a break from college exams.①

这段话翻译成中文就是：我坐在邻近的一家餐馆里，该餐馆提供具有家庭风味的外卖饭菜，并围满了人，有疲惫且快乐的购物者，有周末夜晚就餐的一家人，还有考完试休息一下以便再战的大学生们。

对比这两种语言文字的表达可以发现，英语词语和汉语词语的一个明显差别在于英语表达常呈现出静态特征，而汉语表达呈现出动态特征。具体而言，就是英语中有一种少用动词，而选择其他方式表示动作含义的倾向；而汉语则习惯较多地使用动词展现动作的特点，对不同动作的动词分类十分细致就体现了这一点。事实上，英语中还有一些名词和形容词都能表示动作意义，如名词“look”“glance”“mention”等，形容词“good”“aware”“able”“angry”等，在特定的语言环境下，这些词语都可

① 应惠兰．新编大学英语（第二版）[M]．北京：外语教学与研究出版社，2005：71．

以用来表示相应的动作含义。例如，“一看见老师，学生就感到紧张。”可描述为“The very sight of teacher makes student feel nervous.”。所以，在英语写作中，学生需要注意汉语和英语在用词方面的差异，选择最合适的词语，往往能有效提升整篇文章的表达水平。

2. 造句文化差异影响英语写作

首先，在句子主语的选择上，汉语句子的主语通常是能主动做出一定动作，有生命的人或事物；而英语句子在选择主语时，经常选用不能主动发出动作，没有生命的事物。如汉语的“我希望……”，翻译成比较地道的英语表达是“It is my hope that...”。英语的这一特点在其书面语表达中，尤其是新闻、科技、学术文献及一些散文问题中尤其突出。也就是说，汉语注重人称（有灵）表达，英语注重物称（无灵）表达。例如：

His only comment was, “Tell BBC I will broadcast at nine tonight” .

把这句话翻译成汉语就成了——

他只说了一句：“告诉BBC，我今晚九时发表广播讲话。”

在这个例子中，物称主语虽然可以翻译成“他唯一的话是……”，但还是不如人称说法更加自然和直接。

其次，在建构句子结构方面，汉语和英语的句子成分和分句之间的连接方式是不同的。英语十分注重句子结构的完整和外在形式的规范，因此各分句之间的联系主要是通过词汇中介搭建起来的，如在英语中用“and”表示并列关系，用“but”表示转折关系，用“so”表示因果关系等。也就是说，英语中的各种连接词都作为一种形态标记得到了广泛的应用。和英语不同的是，一般情况下，汉语各分句之间的联系主要是由语序和逻辑间接地呈现出来。这并不是说汉语中没有连接词，而是说尽管汉语中存在一些连接词，但在表达中，人们经常会省略对连接词的使用。这种英语和汉语之间的显著区别可称为形合和意合的区别。例如：

That is our policy and that is our declaration.

这句话翻译成汉语就是：

这就是我们的国策，这就是我们的宣言。

从以上示例中可以看出，英语句子的连接依靠连接词 and，使句子显得紧凑有序。虽然汉语译文中省去了对原文连接词 and 的翻译，但两个句子之间的关系没有改变，并且变得更符合汉语的表述习惯。又比如：

他身材高大，长相英俊，深受女士们的欢迎。

把这句话用英语翻译出来就是：

He is tall and handsome, so he is very popular with women.

从这个例子可以看出，英语表达比汉语原句多了两个连接词“and”和“so”，整个句子符合英语的表达习惯，英语读者读起来也会十分通顺。在此还有一点需要强调，那就是英语中的连接词除了常见的表示并列关系、因果关系等明显联系的词语之外，还有一部分连接词是由关系代词或关系副词充当的，如“that”“who”“what”“which”“where”等。

综上所述，英语学习者在用英语进行造句时需要注意句子主语的选择，遵循英语句子结构的建构规律，否则就会使造句充满汉语思维定式的特征。

3. 文体文化差异影响英语写作

汉语写作和英语写作的相同之处在于二者都需要写作者对写作的主题有比较深刻的了解，然后精心挑选写作要用到的材料内容，进而运用各种方法和技巧将这些材料组织成恰当的语言，真诚地表达自己的观点即文章的中心思想。尽管两种语言的写作有着相同的特征，但它们之间的差异也是显而易见的。例如，在进行叙述和描写时，与英语文体相比，汉语文体中会使用更多的形容词。这并不是说写作时用形容词不好，相反，形容词使用得当能使文章的人物的描写栩栩如生，景物的描写生动形象；如果使用不当，也容易造成表达拖沓冗长，让读者失去阅读兴趣。英语文体一般直截了当，具有直抒胸臆的特点。例如，英语文章《危机》中有一个选段：

原文：These are the times that try men’s souls. The summer soldier and the sunshine patriot will, in this crisis, shrink from the service of their country, but he that stands it now, deserves the love and thanks of man and woman...

译文：这是考验人的灵魂的时刻。那些能胜不能败的士兵和可以共享乐不能共患难的爱国者，在这一危机中将产生动摇而不敢再为国效劳了；但那些坚持下来的人理应赢得人们的爱戴和感谢。

在这个例子中，英文原文只是用最简单的词语或短语来表示句子成分，阐释自己的观点，例如“summer soldier”“sunshine patriot”“shrink”，体现出一种大众式的白话风格，符合英美人的逻辑思维习惯。但这种表达方式并不符合汉语的表达习惯，因此译文中添加了一些解释性的描述帮助汉语读者感受原文传递出的意义和情感，例如 summer 和 sunshine 作为修饰定语，原

意是夏天和阳光，此处表达的则是不能吃苦、不能共患难的意思；shrink 的本义是退缩，此处翻译成产生动摇，较为形象地描述了面对危机时那些士兵和爱国者畏惧牺牲、退缩不前的形象，有利于汉语读者产生共情。

（二）多元文化视域下高校英语写作教学的开展

1. 英语文化导入

为了尽可能地减轻汉语语言文化对英语写作的负迁移影响，在高校英语写作教学中，教师应该鼓励学生掌握中西方在思维方式、表达方式等方面的文化差异以及这种差异影响下的英汉写作特点，提高学生对英语语言文化的敏感度和学生的英语语言运用能力。在高校英语写作教学中，教师可以利用文字、图片、视频、音频等教学手段为学生营造一个学习英语语言文化的最佳环境，让学生尽可能多地了解英语的文化背景；还可以组织学生与外籍学生、教师、学者开展面对面会谈，深入了解真实的英语文化。通过对各种途径、不同层次的接触和了解，使学生形成对英语文化的认知体系，加深对英语语言的感知力，提高对英语的运用能力和组织表达能力。

2. 英汉写作对比

由于中西方文化差异对两种语言的语篇创作影响深刻，因此高校英语教师可以有意识地分析和展示英汉语篇在遣词造句、构思文章等方面的不同特点，引导学生在写作时多使用英语思维选择资料，组织语言，写出符合英美读者阅读习惯和理解方式的英语文章。例如，在大学英语精读教学中，英语教师可以通过细致地分析课文，使学生了解各种体裁英语文章的写作方式和表达技巧，如课文是如何抛出主题、建构框架和论证观点的，从而帮助学生对英语语篇结构形成一个综合的、立体的认识。

此外，英语教师在批改写作作业时，应该明确指出学生具有汉语思维的表达方式，并给出正确的英语表达方式，使学生看到两种表达方式的差别；在修改中学会用英语进行思考，进而形成正确的表达。

3. 阅读写作相结合

中国有句古话说得好，“读书破万卷，下笔如有神”。这句话的意思是说一个人的阅读量一旦达到一定程度之后，他就会很擅长写作；也就是说，阅读和写作二者之间关系密切，具有一定量的语言输入是写作的基础。阅读不仅能为学生积累写作的材料，让学生知道可以写什么，还能在无形中帮助学生掌握正确的表达方式，让他们知道应该怎么写。因此，在高校英语写作教学中，教师应该让学生通过阅读各种题材、各种体裁的英语资料来了解英语国家的价值观念、社会文化、道德理念等知识文化，为英语写作积累写作素材，培养英语思维，掌握写作方法、技巧。

需要注意的是，要想充分发挥阅读帮助学生积累素材、经验的作用，英语教师就要教给学生正确阅读的方法，即边读书边做笔记，将读书时的心得体会，学到的知识、经验、技巧记录下来，时常温习，只有这样学生才能更快、更有效地提升写作水平。

4. 开展仿写训练

受中式思维的影响，中国学生在写英语作文时常用的方法是：先用汉语想好要表达的句式内容，然后翻译成英语写出来。这种“汉译英”的写作方式不仅效率低下，还会使文章充满汉语思维和汉语表达方式的痕迹。为了帮助学生改变这种效率低下、效果较差的写作方式，在高校英语写作教学中，英语教师可以引导学生仿写英文材料。仿写的对象既可以是教材里面的课文，也可以是教师精心挑选的、具有写作教育意义的文章。仿写时允许学生使用词典这类工具书辅助写作。通过仿写训练，学生不仅能够学到英语文化知识，积累写作素材，还能快速地学到英语语篇的展开方式，从而培养良好的英语语感和写作技巧。

第五节　高校英语翻译教学

一、高校英语翻译教学的作用

《大学英语课程教学要求》指出，大学生应该掌握的五项基本英语技能包括听、说、读、写、译。在实际的高校英语教学过程中，我们更注重英语听、说、读、写技能的培养。不过随着时代的发展和社会的进步，英语翻译技能越来越受到人们的重视。

（一）翻译是学习外语的一种手段

近年来，随着教育理念和教学思想的不断更新，人们对外语教学方法的选择也发生了变化。之前人们更倾向于使用语法翻译法开展教学活动，随着

对英语听说能力的重视，人们又开始倾向于选择听说法开展教学。但实践证明，在学生已经具备一定英语水平的情况下，英语翻译教学有利于提高学生的外语水平和英语综合应用能力。因为只有通过不同语言之间的对比和分析，学生才能更加深刻地了解不同语言的特点，才能掌握英语词汇、语法等语言知识的应用方法。

（二）翻译是开展交际的一种工具

尽管不同学习者学习外语的动机不同，但有很大一部分人还是把外语当作一种交际工具来使用，而使用这种工具必然涉及翻译。

（三）翻译促进文化的交流与融合

自从语言、文化诞生以来，不同人类群体之间的信息传达与沟通、文化交流与融合，全都依托翻译来进行。翻译如同一张看不见的网，将不同国家、不同地域的文化编织在一起，在不同文化的交流中扮演着极其重要的角色。不论哪个国家的人，只要想与语言不通的其他国家的人联系，就需要借助翻译的力量，否则就无法学习其他国家先进的知识和技术，以及无法交流文化，从而阻碍自身的发展与进步。

对于我国来说，翻译推动了中国文化与外来文化的交流与融合，这一点在文学作品的译介上体现得尤为突出。学者谢天振曾指出，翻译文学对中国现代文学中主要文学样式的诞生与发展起到了巨大的，甚至是决定性的作用，如白话小说、新诗、话剧等。没有翻译，我们就不能欣赏来自世界各国的优秀文学作品，就会阻碍我们的文化学习与文化审美。①

二、多元文化视域下的高校英语翻译教学

（一）文化影响英语翻译的重要因素

翻译这种语言符号的转换活动不仅仅针对语言的变换，还注重形式的变化和文化的影响。文化的两面性和三个因素都影响着翻译的内容和形式。文化的两面性是指：一方面，文化具有共同性，因为任何文化包含的内容都有相通之处，这些相通之处就是进行翻译的基础；另一方面，文化具有多样性，文化的多样性为翻译活动增加了难度。而影响翻译的三个重要文化因素是指知识文化因素、观念文化因素和隐性文化因素。

---

① 林庆扬．走进翻译[M]．厦门：厦门大学出版社，2011：27.

1. 知识文化因素

知识文化包括生活习惯文化、生活环境文化、物质生产文化、科技文教文化方面的知识。这些知识文化内容在原文化中是人们非常熟悉甚至尽人皆知的，但被翻译成目的语时，可能需要进一步的文化解析。接下来以生活习惯文化知识、生活环境文化知识为例进行分析。

（1）生活习惯文化知识。在中国传统文化中，人们对饮食非常重视，吃饭问题是人们生活中的头等大事，所以人们在日常见面打招呼时喜欢问对方“吃了吗？”，达到问候和寒暄的目的。发展到后来，人们问这个问题的初衷也发生了变化，问“吃了吗？”并不是真的想知道对方有没有吃饭，而只是想跟对方简单地打个招呼。但如果要翻译成英语的话，大可不必翻译为“Have you eaten your meal？”之类的话，而是简单的一个“Hi，How are you？”即可。

中国文化中还有很多由“吃”引申出来的词语，这些词语在英语中不能直接按照字面意思翻译，而是要根据其内涵意义分别进行“意译”。例如：

吃得开——be very popular

吃不开——be unpopular

（2）生活环境文化知识。不同的民族生活在世界上不同的国家和地区，由于生活环境的差异，形成了不同的文化，积累了不同的知识。居住环境是生活环境的重要组成部分，房屋建筑是居住环境必不可少的元素。在中国的传统文化中，房屋建筑文化独树一帜，内涵丰富，由此产生了不少有特色的语言表达。例如：

美轮美奂——（of a new building）tall and splendid；magnificent

大门不出，二门不迈——never leaves the house to make contact with outsiders

雕梁画栋——carved beams and painted rafters—a richly ornamented building

2. 观念文化因素

观念文化的内容包括宇宙观、艺术创造、认知方式、思维方式和价值观等。其中价值观是整个文化体系的核心，由于民族和文化的差异，中西方价值观也存在较大的差异。这些差异所造成的误解是首先需要解决的。例如，汉语和英语文化中对相同概念的表达各不相同，两种语言在互译的过程中，译者需要注意表达方式的转换。例如：

汉译英：

百闻不如一见。——Seeing is believing.

有志者，事竟成。——Where there is a will, there is a way.

过犹不及。——Going too far is as bad as not going enough.

功夫不负有心人。——Everything comes to him who waits.

英译汉：

All things come to those who wait.——苍天不负有心人。

Victory won't come to me unless I go to it.——胜利是不会向我走来的，我必须自己走向胜利。

I can make it through the rain. I can stand up once again on my own.——我可以穿越风雨，也可以东山再起。

3. 隐性文化因素

口译作为翻译的一种，是一种实时的跨文化交际行为，是特定语境下的文化传播行为。在口译活动中，译者除了要注意较为明显的知识文化因素和观念文化因素对翻译的影响，更要特别注意隐性文化因素在翻译中的作用。因为隐性文化因素的误译往往会引起交际误解，造成不良的交际影响。隐性文化因素包括一些礼节性的场面话、客套话。众所周知，中国是文明古国、礼仪之邦，讲究文明、礼仪、谦让，尤其在接待客人或举办大型活动时，会说一些礼节性的场面话。这些话一般根据具体语境灵活翻译，不用直译。例如，当来自西方国家的专家受邀参观或者拜访中国的公司时，中国的接待人员在介绍完参观项目，喜欢客气地询问来访者的感受或意见："您认为哪里有需要改进的地方，请提供宝贵意见。"此时，译者不能直接将"宝贵意见"翻译为"valuable opinions"，因为这会让来访者认为如果真的提了意见就说明自己不够谦虚，好像是在说："Yes, my opinions are valuable, please listen carefully."。(对，我的意见十分宝贵，请认真听。)然后，为了显示自己的礼貌，他们就会表示自己没有什么意见。因此，在这种情况下，这句话应翻译为"Your opinions will be appreciated!"或"Please share your advice with us and we would appreciate it very much!"。(您提的意见我们会尊重并认真考虑的！)

中国人在接待客人时往往准备得十分认真，尤其接待外国友人来访时，各方面安排得都比较细致，基本上是把自己最好的一面呈现给客人，希望客人有好的参观体验。但当外国友人对中国人的接待工作感到满意并表示感谢时，中国人经常给出谦虚的回复，如“招待不周”“准备工作做得不够好”“如有不周之处，还望海涵”之类，或者直接表示“这是我们的工作，是我们应该做的”等。这类的场面话在中国文化里是表示谦虚和客气，但如果直接翻译出来，来访者领会到的意思与举办方想要表达的意思可能大不相同，有时甚至会产生误解，认为举办方真的没有用心招待自己。例如，将回答“这是我们的工作，是我们应该做的”直接翻译为“This is our work，we must do this.”，就会显得有一些官方和生硬，给对方一种你是出于工作而不是真心想为他服务的感觉。译者此时应考虑西方文化中回复感谢的表达重点，用“It’s my pleasure.”或“Glad I could help.”进行回复。

又如在送别客人时，中西方都习惯跟客人说：“有时间再过来看我们啊。”（“Come and see us sometime.”）在这一点上，中国人和西方人表达的都是礼貌、是客气，不是真的在邀请。而在澳大利亚的文化中，一旦有人发出这种邀请信号，另一方就要认真考虑下次什么时候去玩。造成这种文化差异的原因，是各个国家不同的礼貌文化、不同的性格和用词习惯。因此，有时翻译活动要根据具体的交际情境来开展，译者应不断丰富自己的跨文化知识、培养自己的跨文化意识。

（二）多元文化下高校英语翻译教学的开展

在多元文化的背景下，高校英语教师在开展英语翻译教学的过程中除了要从词法、句法等知识层面来教授翻译技巧之外，还要使学生认识到文化因素对翻译实践的深刻影响。这就涉及一个新的概念——“文化翻译”。“文化翻译”是 20 世纪初以来，人类学发展的成果，更是多元化背景下中外翻译家对翻译作为不同民族间文化交流手段的感性认知。在多元化背景下开展翻译教学要求教师帮助学生树立文化翻译的意识，引导学生在翻译过程中遵循文化翻译的原则，选择文化翻译的方法，应用文化翻译的策略。

1. 树立文化翻译的意识

要想树立文化翻译的意识，就要先了解文化翻译的概念。文化翻译的概念界定分为广义和狭义两个层面。从广义层面来看，文化翻译是将一种文化翻译成另一种文化的过程，目的是促进文化之间的交流与沟通，实现社会群体之间的平等对话；从狭义层面分析，文化翻译就是对源语文本中存在的文化因素及其他文化内容的翻译。

根据文化翻译的概念，英语教师要继续引导学生在翻译的过程中注意观察文化差异在翻译中的体现，如词汇空缺和语义空缺。词汇空缺主要是指英语和汉语中存在的文化特色词现象；语义空缺则是指不同语言中表达同一概念的词语存在不同的文化内涵，如某些色彩词在英汉两种语言文化中被赋予了特殊的含义。经过上述概念认知和实践观察，学生就会慢慢树立起文化翻译的意识。

2. 遵循文化翻译的原则

高校英语教师应该告知学生文化翻译应该遵循的总体性原则就是文化对等原则，因为文化没有高低、优劣之分，学生开展文化翻译的主要目的是传播不同的民族语言和文化，促进世界多元文化之间的沟通和交流。与此同时，在翻译的过程中，学生既是源语文本的接受者和理解者，又是译语文本的创作者和传播者。这一现实情况就需要学生在忠实于源语文本的前提下，本着文化使命意识和对原作者、读者负责的责任感，把握翻译的过程与方法，提高翻译的质量。文化翻译的原则除了文化对等的总体原则之外，还包括以下几个方面的具体原则。

（1）循序渐进的原则。任何一种文化的传播都要经历认知、理解和接受这三个阶段，要想完成这三个阶段，需要一个漫长的过程，因此文化翻译还应遵守循序渐进的原则。在循序渐进原则的要求下，学生应从文化传播和翻译实践的角度出发，不断提升自己的理解能力和文化感悟能力，在翻译过程中遇到两种语言文化差别较大或目的语文化中缺少的文化因素，要尽量准确地描述出来，不能“死”译和硬译，要在尊重、了解不同文化差异的基础上，有意识地输出中国优秀文化，从而帮助外国读者了解中国文化。

（2）文化再现的原则。在全球一体化和文化多元化发展的今天，翻译帮助不同民族的人们进行跨文化交流逐渐得到了更多人的认可。翻译的性质与任务决定了翻译过程实质上是文化再现的过程，因此，文化翻译需要特别遵循文化再现的原则。拿汉英翻译举例，文化再现能够使译语再现中国汉语语言文化的特色与内涵。

（3）忠实大于创造的原则。在文化翻译的过程中，学生应该尊重不同的语言文化。尊重一种语言和文化的重要表现之一，就是在翻译的过程中尽量做到忠实，不随意对词语或短语进行删减甚至修改。需要注意的是，此处的忠实原则不是绝对的忠实，因为绝对的忠实是不存在的，坚持绝对化的忠实只能造成“死”译，这也不是翻译的最终目标。所谓忠实，指的是对源词语、短语或其他表达的语义、意义等表层内容以及文化含义等深层内容进行如实、准确的传达，而不是刻意追求二者在表达方式上的完全一致。

在具体的翻译活动中，由于汉语和英语在语言和语言文化上的差异，“概念空缺”“文化空缺”等现象经常发生，因此译者不能拘泥于绝对的忠实，要在理解正确的基础上对源语言进行一定程度的创造。尤其对一些诗词歌赋的翻译来说，对源语文本的创造还属于汉语审美价值的体现，最重要的是要展现汉语语言的精髓。此处需要强调的是，这种创造要基于语言文化的基本意义和文化内涵，不能随意空想或者毫无关联地扭曲事实。

（4）内容大于形式的原则。内容大于形式的原则也可以称为内容第一、形式第二原则。语言的内容指的是语言的基本含义、情感意义乃至文化内涵。语言的形式指的是语言在表达内容、内涵意义时使用的语言外壳，如该词语或短语采取了什么样的修辞手法、使用了什么样的题材等。

在文化翻译的过程中，学生应该把对源语内容的准确把控和精准传递放在翻译任务的首位。与此同时，尽量保留源语的文本形式，这样才能最好地将源语的文化特色传递出来。还有一种情况，就是如果想要保留源语原来的表达方式，就会造成源语内容的变更，那么学生应当毫不犹豫地放弃原来的表达方式，选择以内容为主的翻译形式。形式的存在是为内容服务的，如果内容因为形式而改变，形式就失去了存在的意义，即使形式再完美，也不符合翻译的目的。

3. 选择文化翻译的方法

教师在传授学生文化翻译的原则之后，还要引导学生根据翻译目标和翻译要求，灵活地选择文化翻译的方法。在文化翻译的过程中比较常用的几种方法分别是意译法、省译法、音译法、借译法以及增译法。

（1）意译法。在很多翻译实践活动中，由于两种不同语言的表达方式和文化内涵差异较大，目的语中缺少能有效表达源语中具有文化色彩的词语，且采用其他方法也无法很好地表达源语文本中的文化内涵。在这种情况下，就适合采用意译法进行翻译。采用意译法进行翻译时，学生往往不用考虑源语文本的语言形式和字面含义，而是应该把翻译源语信息的意义作为首要的翻译目的。这个方法的缺点是可能会造成源语文本承载的文化内涵的缺失，也就是说，这种翻译方法可能会使源语文化的意象受损。例如：

原文：In fact, that was a greek gift to him.

译文：事实上，那是意图谋害他的礼物。

原文中的“greek gift”出自古希腊历史典故“木马计”，其文化含义为“图谋害人，意图不轨”。如果采用直译法进行翻译，翻译后的句子就是“事实上，那是给他的希腊礼物”，很显然，这样的翻译会造成听者错误的理解。

（2）省译法。省译法也是在翻译中经常使用的一种策略，具体的操作方法就是删除或省略一些不必要的语言表达，这些语言表达的作用往往会使句子读起来更有趣味，并不代表对意义的传达。省译法从根本上来说是为了避免表达内容重复、信息冗余，让译文变得更加简明扼要、重点突出。例如：

原文：三十六计，走为上计。

译文：The best stratagem is to quit.

在上述示例中，“三十六计，走为上计”是汉语中的一个成语，出自《南齐书·王敬则传》中的“檀公三十六策，走是上计。汝父子唯应急走耳”。原指在战争中，士兵、将领如果遇到对自己十分不利的形势时就会选择逃走。现多用于在日常生活、工作中，当人们遇到对自身发展不友好的局面时，就选择暂时退出，保存实力，以求日后重新来过或寻求其他出路的心态。根据以上分析可知，“走为上计”是该源语表达的重点，译者因此选择性地省略了对“三十六计”的翻译，突出了句子的重点含义。

（3）音译法。几乎每一种文化中都有自己特有的物象，这些物象体现在语言的转换过程中，就是在源语文化中存在的物象表达在目的语中是“空缺”或“空白”的现象。此时采用音译法将这些特有事物的表达复制到目的语中是比较合适的做法。采用音译法对文化词汇、短语进行翻译，能最大限度地把文化中的语言特点和文化特色保留下来，也能给听者留下深刻的印象。例如：

原文：这些印有福娃的邮票非常有纪念意义。

译文：The stamps printed with Fuwa are commemorative.

在这个例句中，北京奥运会的吉祥物“福娃”最早的翻译其实是“Friendlies”，这个翻译在当时受到了大家的质疑，因为关于福娃的文化特色完全被磨灭了，也就无法体现中国语言的文化内涵。而吉祥物的一个很重要的功能就是要体现奥运会主办国的国家及民族特色，因此这个翻译没有得到奥委会的认可。为了体现中国的文化特点和民族特色，最后翻译组采用了

“Fuwa”的翻译。

（4）借译法。由于不同国家所处的地理环境、居住条件，以及其所拥有的历史、风俗习惯以及宗教信仰的不同，因此在面对同一种事物或同一类事件时，不同国家的人会有不同的理解和认识，这种现象在语言文化上的体现就是在两种不同的语言中会存在字面意义不同，但语用意义相同或相近的词语或短语。在文化翻译的过程中，如果遇到这种语言文化差异，学生可以使用借译法借用目的语中具有相同文化色彩的词语或短语表达源语中的一些内容。这种现成的译法能快速被目的语交际者理解。同时，在口语交际的过程中，该方法可以提高交际双方的效率，节省译者的精力。如果没有现成的译法，在合理的条件下套用英语中某些短语的表达句式也是可行的。例如：

原文：关起门来以邻为壑，是解决不了问题的。

译文：The closed door and beggar–thy–neighbor policies cannot resolve problems.

例句中的“以邻为壑”出自《孟子》中的“是故禹以四海为壑。今吾子以邻国为壑”。“壑”的意思是深谷、深沟。这句话的故事背景是，当洪水灾害来临时，有些国家把邻国上好的田地当作排水的沟坑，把本国的洪水引到那里。后比喻有些人为了自己的利益，不顾他人的安危，把问题或者灾祸转移到别人身上。如果采用直译法就会比较费事且交际者不容易理解。英文中的“beggar–thy–neighbor policy”指的是尽管国家采取的政策行动对国家经济很有好处，却损害了其他国家的经济利益。该短语的深层含义与“以邻为壑”十分相似，因此可以采用借译的方法代指其意。其他类似的表达还有：

笑掉大牙—— laugh off one’s head

胆小如鼠—— as scared as a rabbit

如鱼得水—— like a duck to water

打草惊蛇—— wake a sleeping dog

（5）增译法。增译法也可以称为解释性翻译法或者补充法，这是翻译时需要采用的最基本的方法之一。采用这种方法的主要原因是，在源语文本中经常会有一部分内容是带有文化色彩的历史事件、人物或典故，而译者在翻译的过程中，是以源语为基础的。为了使交际者能更好地理解目标语所要表达的含义乃至文化内涵，有时就需要译者对源语的历史背景、人物信息或其他不清楚的内容进行解释。这样既能保留源语的文化色彩，又方便读者的理解。例如：

原文：The staff member folded like an accordion.

译文：这个工作人员就像合拢起来的手风琴似的——不吭声了。

在这个例子中，源语文本巧妙地利用闭合的手风琴来形容沉默的工作人员。因为手风琴作为一种外国常见的乐器，在其演奏发声时是需要打开的。如果用手将琴体合上，它就会停止发声。对于不了解这一乐器的中国交际者来说，如果译者只翻译成“这个工作人员像合拢的手风琴”，可能会让他们感到疑惑；而当译者增加了对合拢手风琴的解释之后，交际者理解起来就容易多了。

4. 应用文化翻译的策略

在学生掌握文化翻译的原则和方法之后，高校英语教师就可以继续传授学生应用文化翻译的策略，帮助学生开展文化翻译的训练和实践。学生需要认识文化翻译中最常见的两种翻译情况——读者向作者靠拢以及作者向读者靠拢。这就是翻译过程中存在的归化和异化的问题。而文化翻译除了可以采用归化策略、异化策略、归异互补策略之外，还可以采用文化对应策略、文化间性策略以及文化调停策略。选择策略的依据在于具体的翻译目标、两种语言的文化特点、译者的翻译观等，但最终的目的都是提升翻译的准确性以及更好地传递源语文化的信息。

（1）归化策略。翻译的归化策略是指在翻译过程中采用目的语比较常见的表达形式替换源语表达形式的策略。使用这种翻译策略意味着要放弃源语的文化含义，然后通过译者的翻译，形成新的体现目的语文化的作品。以我国四大名著之一——《红楼梦》的翻译为例。《红楼梦》这部小说描写的是中国古代封建社会制度下人们的生产生活，因而书中有大量关于中国传统文化和风土人情的介绍，尤其反映出了中国道教与佛教的思想文化。目前《红楼梦》有两个最权威的英文译本，一个出自杨宪益夫妇之手，另一个出自英国汉学家大卫·霍克斯（David Hawkes）之手。其中杨宪益夫妇在翻译过程中较多地使用了异化的翻译策略，而霍克斯更多地使用了归化的手法。举例说明如下。

原文：谋事在人，成事在天。

杨宪益夫妇译文：Man proposes，Heaven disposes.

霍克斯译文：Man proposes，God disposes.

“谋事在人，成事在天”是一句具有中国文化特色的俗语，以上两个版本的译文都做到了译文形式上的工整对仗，不同的是对“天”这一意象的翻译。在《红楼梦》的故事背景下，人们对佛教十分尊崇。因为佛教在中国的宗教信仰文化中有很高的地位，所以杨宪益夫妇将“天”译为“Heaven”，符合故事中人们的宗教信仰和汉语的文化特点。而霍克斯从目的语读者的角度出发，采用了目的语读者比较容易理解的基督教对神灵常见的表达方式，将其译为“God”，这就体现出文化翻译策略的不同。需要强调的是，无论是归化策略还是异化策略，都是为源语文本和目的语读者服务的，文化是平等的，没有高低贵贱之分。

（2）异化策略。异化策略是指在翻译过程中，译者在保留源语文化的同时，采用源语表达方式或类似的表达方式进行翻译的策略。虽然语言都是对客观存在事物的反映，但在不同的文化背景下，人们的思维方式不同，对同一事物的看法、产生的联想也不同。例如：

原文：As the last straw breaks the laden camel's back, this piece of underground information crushed the sinking spirits of Mr. Smith.

译文：如同压垮负重骆驼脊梁的最后一根稻草，这则秘密信息把史密斯先生低沉的情绪压到了最低点。

在这一示例中，“the last straw breaks the laden camel's back”是英文中一个具有文化特色的习语，这一习语采用了喻指的表达方式，形象地描写出这条信息对主人公的巨大影响。这种表达方式在汉语中也很常见，因而当译者采用异化策略对这一习语进行翻译时，目的语读者很容易就能理解译文的含义，并感受到源语文化中的一些文化意象，如“骆驼”“稻草”。

（3）归异互补策略。归化策略和异化策略是文化翻译的两大主要策略。基于以上分析介绍，我们可以看出二者是对立统一的关系，都有各自适用的语境和范围。在一些特殊语境中，只使用一种策略是无法完成翻译任务的，甚至无法将源语的真实意义传达出来，此时就需要将这两种策略相结合，采用归异互补策略，以达到较好的翻译效果。例如：

原文：I gave my youth to the sea and I came home and gave her（my wife）my old age.

译文：我把青春献给了海洋，等我回到家中见到妻子的时候，她已经是白发苍苍。

在翻译上述句子时，作者采用的就是归异互补的策略。将“I gave my youth to the sea”译成“我把青春献给了海洋”保留了作者的表达方式，采用的是异化策略；而“I came home and gave her（my wife）my old age”则没有沿袭上一句的表达方式翻译成“把我年迈的时光留给了妻子”，而是向目的语表达方式靠拢，通过描述妻子的头发已经变白这一变化，暗指时间已经过去了很久，二人皆已不再年轻。如果只采用归化策略或异化策略，就很难达到现在的翻译效果，目的语读者读起来也不好理解。

（4）文化间性策略。文化间性策略就是指基于文化间性主义与文化间性观形成的一种翻译策略。这种翻译策略要求译者在进行文化翻译时，应保证互惠互补、协调发展的文化关系。因为不同的民族文化有不同的特点，运用文化间性因素来处理不同文化之间的差异性，有助于译者找到两种文化的相同之处，从而实现不同文化间的交流互动。一名优秀的译者应该秉持文化间性观念，理解并分析不同文化的组成要素，同时关注不同文化的进步与发展情况，以开放、包容的心态面对这些发展变化。以文化间性理念为指导参与文化翻译实践，具体而言有两个明显的优势。

其一，译者以开放、学习的心态认识和接纳不同的文化，有利于译者选择合适的策略和方法处理翻译中出现的文化问题。

其二，译者通过学习与认知源语文化，以及在共性思想的指导下分析源语文化，探索源语文化的特征，进而向其他民族、国家介绍源语文化，传播源语文化。

从上述概念介绍与具体理念分析可知，文化间性是对归化策略与异化策略所存在的极端主义的弱化，也体现了中国传统翻译标准之一的“信、达、雅”的翻译标准。例如：

原文：天时不如地利，地利不如人和。

译文 1：Sky times not so good as ground situation; ground situation not so good as human harmony.

译文 2：Opportunities vouchsafed by heaven are less important than terrestrial advantages, which in turn are less important than the unity among people.

在上述示例中，“天时不如地利，地利不如人和”是汉语中的一句俗语。其文化内涵是：在战争中，气候条件十分重要，但相比地理位置来说还是差了一些；与此同时，将士们团结一致、战斗一方的人心所向又比地理位置优势更加重要。分析以上两种译文，译文 1 属于逐字翻译，根本没有体现源语文本的正确含义以及文化内涵；而译文 2 则是译者在文化间性翻译理论的指导下进行的适当翻译，不仅译出了源语文本的正确意义，还体现了汉语文化的特点与内涵。

（5）文化调停策略。文化调停策略也是文化翻译过程中译者经常使用的翻译策略。文化调停策略是指，在翻译过程中选择性地翻译一部分，或者完全不翻译源语文本中体现的文化因素，而直接翻译源语文本深层含义的翻译策略。

文化调停策略的应用是相对归化策略和异化策略来说的，即只有当译者选择这两种策略都不能完成翻译任务时，才会选择采用文化调停策略。事实证明，采用这一策略具有读者倾向性，不仅可以减少归化策略和异化策略不能解决的文化问题，还能使译文变得更加流畅、易懂。但这种策略也不是没有缺点的，文化调停策略的局限性就是不能保留源语文本中的文化意象，因此不利于文化的传播与交流。例如：

原文：刘备章武三年病死于白帝城永安宫，五月运回成都，八月葬于惠陵。

译文：Liu Bei died of illness in 223 at present-day Fenjie County, Sichuan Province, and was buried in Chengdu in the same year.

上述汉语原文虽然句子很短，字数不多，却有着丰富的历史文化内涵。其中“章武三年”是中国古代封建社会制度下特有的帝王年号纪年法，“白帝城”“永安宫”是当时中国的地名、建筑名，“惠陵”是当时安葬皇帝及其他皇室成员的陵墓。对于以上内容的翻译，由于在英语中找不到对应的表达，所以不能采用异化策略。如果采用音译法或增译法直接进行拼写或解释，就会因为解释的因素过多而影响译文的流畅度，进而影响读者的阅读和理解。因此，在这种情况下，译者应该适当省略这些文化因素的翻译，以提高整体的翻译效果。

（6）文化对应策略。文化对应策略也是译者可以选择的文化翻译策略之一。文化对应策略的使用原则同文化翻译方法中的借译法类似，都是采用目的语文化中与源语文化中表达类似含义进行翻译的策略。例如，选取目的语文化中著名的人物、事件等诠释源语文化的内容，如中国传统文化中的“梁山伯与祝英台”的故事，在中国可以说是无人不知、无人不晓，但没听过这个故事的西方读者可能并不清楚这二人的关系，如果将其翻译成“中国的罗

密欧与朱丽叶”，那么西方人就会瞬间理解。同理，“济公”与“罗宾汉”也可以相互替代翻译。例如：

原文：济公劫富济贫，深受穷苦人民爱戴。

译文：Ji Gong, Robin Hood in China, robbed the rich and helped the poor.

原文中的这句话出自浙江兰溪的济公馆，短短的一句话就介绍了济公的人物特点。而在西方文化中，Robin Hood也是热衷于劫富济贫的传奇人物，因此译者在此处采用文化对应策略就很容易被目的语读者理解，也有利于将目的语读者带入原作描写的故事中，去探寻原作的文化内涵。

综上所述，高校英语教师在英语翻译教学中，应帮助学生增强文化翻译的意识。可以有意识地在翻译课堂中引入文化知识教学的内容，如创设文化学习和跨文化交际的情境，并采用有效的文化对比策略，培养学生的文化素养和翻译实践能力。此外，除了采用传统的教学方法和教学工具培养学生的翻译能力之外，英语教师还要积极探索新的教学策略和教学工具。例如，当今互联网信息技术和多媒体技术发展迅速，很多学校建有自己的网络资源库，英语教师可利用这部分资源为学生布置翻译教学的课后作业；学生可以选择在学校机房、自己的笔记本电脑或手机上完成教师布置的题库作业，同时根据自己的个人情况，有针对性地挑选自己感兴趣或没有掌握好的模块进行练习。

第五章　多元文化视域下的高校英语文化教学

第一节　高校英语文化教学的内容

一、文化的概念和分类

要清楚高校英语文化教学的内容，首先要清楚文化的概念和分类。

（一）文化的概念

英国的人类学家爱德华·泰勒（Edward Taylor）对文化的定义得到了学术界的普遍认同。他认为，从广泛的民族学意义来讲，文化就是一个复合整体，这个整体包括知识、信仰、艺术、道德、法律、习俗以及作为一个社会成员的人所习得的其他一切能力和习惯。[①] 还有一些研究人类交际行为的学者，如萨姆瓦（Larry A. Samovar）对文化的定义是：文化就是经过前人的努力而积累、流传下来的知识、经验、信念、宗教以及物质财富等内容的总体。文化隐藏在语言、交际行为以及人们的其他日常行为中。[②]

美国学者伊恩·罗伯逊（Ian Robertson）从社会学的角度对文化进行了定义，认为文化包括人类享有的物质的和非物质的全部社会产品。[③] 同样来自美国的学者南达（Nanda）则认为文化作为理想规范、意义、期待等构成的完整体系，既对实际行为按既定的方向加以引导，又对明显违背理想规范

① 泰勒．原始文化[M]. 连树声，译．上海：上海文艺出版社，1992：1.

② SAMOVAR L A，PORTER R E，STEFANI L A. Communication between cultures. Beijing: Foreign Language Teaching and Research Press. 2000：36.

③ 罗伯逊．社会学[M]. 黄育馥，译．北京：商务印书馆，1991：64.

的行为进行惩罚，从而遏制了人类行为向无政府主义倾向的发展。①

中国学者张岱年和程宜山则认为，文化是人类在处理其与客观现实的关系时，所采取的行为和思维方式及其所创造出来的一些成果，是活动方式与活动成果的辩证统一。② 金惠康认为，文化是生产方式、生活方式、价值观念及社会准则等构成的复合体。③

根据以上学者对文化定义的阐释，可以看出文化是人类精神和物质生活的总和，它包罗万象，存在于历史发展的进程之中，为文化共同体所享有。从这个意义上讲，文化实际上是人类通过改造自然和生存环境而逐步实现自身价值观念的过程。

（二）文化的分类

此处我们主要从以下两个角度对文化进行分类。

1. 从内涵特点的角度进行分类

从内涵特点的角度出发，文化可被分为知识文化和交际文化两种。知识文化包括社会、政治、经济、文学、艺术、历史、哲学、科技成就等方面的内容；交际文化也可被称为常识文化，主要包括思维方式、行为准则、生活习惯和社会习俗等方面的内容。这是对知识文化和交际文化含义的解析。金惠康对知识文化和交际文化的观点有助于我们了解这两种文化的区别。金惠康认为，所谓知识文化，主要是指非语言标志的、在跨文化交际中不直接产生严重影响的文化知识。这种文化主要以物质形式存在，如文物古迹、艺术品等。交际文化主要是指在跨文化交际中直接产生影响的隐含在语言中的文化信息。它主要以非物质形式存在。

2. 从表现形式的角度进行分类

从表现形式的角度出发，文化可被分为物质文化、制度文化、精神文化三种。

（1）物质文化。物质文化是这三种文化中最基础的，是人们在社会实践中的物质生产活动及其产品的总和，它以满足人们最基本的生存需要为目

---

① 南达．文化人类学［M］．刘燕鸣，韩养民，编译．西安：陕西人民教育出版社，1987：46.

② 张岱年，程宜山．中国文化精神［J］．理论学习，2015（08）：64.

③ 金惠康．跨文化交际翻译续编［M］．北京：中国对外翻译出版公司，2003：35.

标。汉服、饺子、四合院、鼓楼、胡同、马车等都属于物质文化。

（2）制度文化。制度文化是指人们为了更好地开展社会生产和实践活动而建立起来的各种法律法规、组织形式、规章制度等。它包括国家管理机构、生产所有制、国家法律制度、民族的礼仪制度等。制度文化的本质是人类创造的一种通过约束自己来更好地服务于群体的手段。

（3）精神文化。精神文化是人们在长期的社会实践活动和思想意识活动中孕育出来的，它是精神的文化内核，是文化的意识形态部分。精神文化主要包括道德、伦理、价值观、文学、宗教信仰等意识方面的内容。

二、高校英语文化教学的内容

基于以上内容的分析，可以看出文化本身包含的内容种类繁多且十分复杂。因此，在高校英语文化教学过程中，教师有必要对这些内容进行分类调整和适当选择，重点讲授英美两国的相关文化知识，其次讲授其他英语国家的文化知识。如按照文化的表现形式可以将文化教学内容分为以下三类：观念文化、制度文化以及物质文化。其中，观念文化教学内容包括英美等国的历史、艺术、文学、哲学、科学技术、价值观念等内容。制度文化教学内容包括英美等国的政治制度、经济制度、法律制度、风俗习惯、社交礼仪等内容。物质文化教学内容包括英美等国的社会关系、社会组织、物质产品，如工具、器皿、服饰、建筑物等。下面主要以英美饮食文化和英美服饰文化为例进行详细介绍。

（一）英美饮食文化

1. 饮食观念

英美两国对饮食是非常重视的，但在饮食上的观念与中国相去甚远。对于西方人来说，饮食是人类生存的必要手段，也是促进人际关系的交际手段。同时，英美两国还认为饮食是保持身体健康的重要手段，所以他们对食物营养的关心要多于对食物味道的关心。也就是说，英美两国更重视食物的营养成分和饮食上的营养搭配，注重食物能否被人体吸收。这是西方人理性饮食观的体现。

2. 饮食制作

英美两国由于追求保持食物原材料的风味和营养，且他们吃饭的目的在于生存和交际，因此他们的饮食烹饪程序经常按照统一的标准进行。相较于

中国饮食的调配和做饭程序，西方的菜谱整体上更加科学和精确，他们会精确掌控烹饪的时间和调料的比例、数量，这样做出来的食物几乎可以保留食材原本的味道。正因为如此，不同的厨师可以做出相同味道的菜肴。

3. 饮食对象

因为英美两国大多以畜牧业为主要的生产方式，种植业较少，因此，在他们的饮食构成中，奶制品和肉制品所占的比重较大，谷物类农作物则是辅助食物。

4. 饮食习惯

西方人一般吃饭时都是分餐制，分餐时用公勺、公筷，每个人根据自己的喜好、需要添加食物。他们十分喜欢吃自助餐，自助餐的场所一般布置得都十分优雅、温馨，食物按照种类依次排开，吃多少取多少，方便随意走动、互相交流。英美的这种饮食习惯体现了他们尊重个体、注重形式与结构的国家文化。

5. 饮食环境

根据上文可知，英美两国的主要饮食对象是肉类，又实行分食制，因此刀叉是他们的主要餐具。他们在宴请宾客时，会营造出一种安静、优雅的氛围。在宴会期间，人们注重的用餐礼仪是吃饭时不高声谈笑，切割食物、咀嚼食物不发出声音，给人一种文雅的感觉。同时，敬酒时多举杯示意，不会碰杯，也不会劝酒。

（二）英美服饰文化

1. 英国服饰文化

英国人在服饰的选择和搭配上更趋向于舒适性和多样性。男士平时一身的穿着是不成套的，自己搭配，一般不会系领带；但是上班和出席较为正式的社交场合时，则会选择穿西装，系领带或领结。如果要外出参加宴会、观看音乐会或歌剧，则打扮得更加考究，有时还要穿晚礼服。一些英国绅士还有戴圆顶帽的习惯，而在英国的乡村地区，鸭舌帽则更为流行。

英国女士经常穿西装裙，但也有很多女士喜欢穿工装裤上班，漂亮的流行服装也在她们的选择范围之内。英国女士在出席宴会、观看歌剧表演时会穿长款的晚礼服，参加音乐会时则会穿短款的衣服。与此同时，大多数英国女士仍保持着出席正式社交场合时佩戴礼帽的习惯，她们认为这是一种必备的社交礼仪，女士的帽子不仅代表着尊贵的身份，还是英国传统文化的一种象征。古时英国人认为前额也属于女性不能轻易展示的部位，因此要用宽大的帽檐、网纱和一堆装饰遮挡，以免显得轻浮妖娆招惹异性。当然随着时代的发展，现在女士礼帽的设计越来越小，人们逐渐把礼帽当作发饰来使用。除此之外，英国女士和英国男士一样，非常注重个人卫生和仪表，无论穿什么类型的衣服，都让人感觉干净、整洁。

在服饰颜色的选择上，可能是受常年阴雨天气因素的影响，英国女士的服装颜色整体比较素雅，她们的衣服几乎都是纯色系，有鲜亮一点的粉红色和淡黄色，但很少有花纹或印花图案。有一些中老年女性为了彰显活力喜欢穿有花纹点缀的衣服，但一定也是不抢眼的小碎花或传统的格子，以凸显英国传统女性的文静、低调的气质。英国女士还注重服饰颜色的搭配。例如一位英国女士如果穿了一件蓝色的上衣，那么她的裤子很有可能是浅蓝色的，并且会别出心裁地搭配一条浅蓝色的碎花围巾；如果她穿了一件黑色的裙装礼服，那么她可能会戴上红色的礼帽和白色的珍珠项链。

2. 美国服饰文化

美国服饰具有自由、自然、舒适、实用的特点，蕴含了美国人所特有的气质和思想。他们那种崇尚自由、热情奔放、敢于冒险的精神和优越的物质条件、多元文化的生活环境，必然要搭配潇洒飘逸、风格多样的服装。美国人还喜欢穿结构简洁、符合身体机能的服装，这大概是因为他们热爱运动和旅游，设计剪裁合理、穿着舒适的运动类服装是大多数人的选择。美国服饰独特风格的形成还有一些历史原因。由于美国的历史较短，其服饰发展的历史因此也不长。到了 19 世纪，曾远远落后于英、法两国的美国服饰行业随着缝纫机的发明迅速发展起来，到了 20 世纪初，美国服饰开始在世界范围内占据重要地位。

发展到今天，美国服饰经历了三个阶段。第一个阶段：盲目效仿英国、法国服饰风格；第二个阶段：逐步引进和吸收欧洲服饰的先进工艺、丰富华丽且富有浪漫情怀的设计风格；第三个阶段：借鉴东方服饰简洁活泼、功能性强并富有内涵的特色，结合第二个阶段的工艺和设计，大胆地进行改革创新，不局限于传统服饰文化的限制，创造了独具特色的服装文化艺术。

美国各阶层人士的服饰特点是美国服饰文化的重要组成部分。美国各阶层人士穿衣打扮的风格特点并不完全与其经济水平挂钩，如同美国文化批评家保罗·福塞（Paul Fussell）所说：“等级和层次并不完全是以经济地位的高低来决定的，有钱并不必然使你的社会地位提高，但有生活格调和品味却必然会受到别人的尊重和欣赏，而这些品味格调只能从人的日常生活中表现出来，比如一个人的穿着，家里的摆设，房子的样式和格局……”[①] 以下从美国各阶层人士服饰的颜色和面料，款式和标识，西装、衬衫和领带的使用，饰品和配件的使用四个方面展开分析。

（1）颜色和面料。在颜色的选择上，除了藏青色以外，柔和暗淡的颜色在美国人看来更显档次。中上层女士最喜欢穿灰色和藏青色的衣服，且衣服的风格低调不张扬；普通阶层才会穿紫色的衣服。在面料的选择上，中上层人士更青睐于纯天然的面料，比如丝绸、羊毛、纯棉制品和动物的皮毛；而那些涤纶含量很高的合成纤维衣物属于普通阶层，它们比自然纤维更便宜，真正的中上层人士不会选择化纤类的衣服。

（2）款式和标识。在款式的选择上，中上层女士喜欢穿格子裙、卡其布长裤、对襟毛衣、白衬衫和平跟鞋，还喜欢戴无边的平底帽，天气较冷时喜欢披上一件蓝色的上衣，多层混穿是很常见的现象（这一穿法同样适用于男士），装点着手工刺绣花边的眼镜盒不仅是一种饰物，还是重要的等级标志；紫色的连裤套装和牛仔裤搭配高跟鞋是普通阶层女性的打扮。对于男士来说，灰色或紫红色的圆领套头毛衣能让人看上去很有品位，但要注意毛衣不能塞到裤子里边；在穿衬衫时，中上层男士会选择把衬衫领子整个放在毛衣或上衣里边，而中产阶层和普通阶层大多喜欢翻出来放在外侧；印有各种文字和醒目品牌标志、名人艺术家肖像的衣服、短袖衬衫，以及T恤加背心、鸡心领的毛衣背心等是中产阶层和普通阶层的选择，普通阶层的人还喜欢穿一眼就能看出来历的衣服。

与此同时，在美国服饰文化中，男士在着装时如果选择的衣物较新或过于干净、整洁，则会被认为他的社会状况不太稳定。中上阶层的人们喜欢穿旧衣服，但不是一般的旧衣服，是那种即使是不懂行的人也能看出来材质和剪裁都非常好的旧衣服。精心准备的、看上去光鲜亮丽的打扮，可能是一个人对自己的社会地位是否会下滑心存忧虑的体现，也有可能是由于对他人的

---

① 福塞尔．格调 社会等级与生活品位[M].梁丽真，等译．南宁：广西人民出版社，2002：81-120.

评价过分在意，无论是出于哪种考虑，都显示出穿衣人不属于上层等级的特征。富有上流社会穿搭气息的服饰当数白色的、缀有和大海或游艇相关图案的帆布裤，白色底的甲板鞋以及有很多束带的风衣。如同上文所说的，多层混穿是美国人常用的穿搭方法，中上阶层的美国男士也深谙此道。在天气寒冷的时候，他们一般会在一件内衣上套一件衬衫，衬衫外边再穿一件圆领套头毛衣，最外边穿一件很有质感的花呢大衣或风衣。

（3）西装、衬衫和领带的使用。不同阶层美国男士在西装、衬衫和领带的穿搭上也有不同的特点。就西装而言，上层社会的男士更习惯于穿西式套装或至少是西服的上装，并且会选择色调偏暗的、柔软的、有质感的西装。两粒扣的西装比三粒扣的西装显得更休闲，西装的外套和衬衫的领子要和人体十分贴合才是上层社会的做法。

除此之外，男士领带的等级含义也十分明显。第一，领带是区分中产阶层和普通阶层的重要标志。在职业应聘面试过程中，打领带的男士更容易得到认可。第二，不同阶层男士领带上的图案各有特色。中上层人物的领带不会带有任何明显的文字形式或简单的象征性表达，他们通常会选择带有条纹、小圆点特别是深色底衬白色圆点或变形虫斑点的领带，以表明自己的等级水平已不需要通过文字或图画的形式展现；比条纹和圆点低一级的领带图案开始表达确切的文字内涵，例如某些绘有小游艇、信号旗和六分对角的图案或能显示出穿戴者职业的图案，包括小天平（律师职业）、乐符（音乐家）、钱袋（股票经纪人或银行家）等。到了中产阶级底层，用鲜艳的颜色绘制的花朵图案或明亮的色块图案开始出现在领带上，这是在向外界传递“我很开心”的讯号。对于那些普通民众来说，他们几乎从不打领带，即使有，也只有一条，对于他们而言，领带是上层人士造作甚至骄奢的象征。

（4）饰品和配饰的使用。在有关饰品和配件方面，普通阶层的两个标志是：兜袋和腰带悬垂物。兜袋是插在上衣口袋里的“衣袋保护器”，用来防止插在上兜的钢笔或铅笔弄脏主人的衬衫。腰带垂悬物是指挂在腰带上的各种配件，包括钥匙、墨镜盒、香烟套盒等。在手表的选择上，上层阶级人士更倾向于有黑色蜥蜴表带的卡地亚品牌或者简单、便宜的天美时手表，那些看上去有科技感的、呈现的信息量过多的电子手表甚至有秒针的手表都会影响一个人的社会等级，同时袖扣并不是彰显等级的有效饰物。

总而言之，在高校英语文化教学活动中，教师应该以系统性、全面性为

原则选择和设计教学内容，增加学生的知识积累，培养和提高学生的跨文化交际能力。具体到课堂教学实践中，教师要结合语言教学的内容设计文化教学的内容。

第二节　高校英语文化教学的目标

高校英语文化教学的目标对高校英语文化教学活动的设计与开展具有重要的指导意义，也深刻影响着高校英语文化教学的效果。接下来我们就来研究和分析一下高校英语文化教学的目标。

一、国外关于外语文化教学目标的界定

（一）拉多（Lado）的界定

拉多认为，开展文化教学的目标主要包括以下几种：为了实现素质教育的目标，为了阅读国外的文学作品和科技文献，为了更好地进行国际交流，为了采纳民族共同语。①

（二）西利（Seelye）的界定

西利在学习和归纳之前学者研究成果的基础上提出了自己的观点，即文化教学的目标在于培养和发展每一位学生的文化理解力、文化态度和文化沟通的技巧，使学生能够在目的语交际语境中合理应对可能出现的文化冲突，进而实现交际的目的。为了更加具体地阐释自己的观点，西利还在他的著作《文化教学》一书中提出了文化教学的目标就是提高学生的跨文化交际技能。②

（三）莫兰（Moran）的界定

与以上学者相比，莫兰更注重开展文化教学所需的外语语言基础以及语言的发展变化。他认为跨文化教学与外语教学的不同之处在于跨文化教学的内容应包括外语文化知识的教学等其他教学内容，而外语跨文化教学的教学

① 朱金燕．大学英语教学改革探索[M]．武汉：中国地质大学出版社，2018：157.

② 同上。

内容只包括外语文化知识的学习与引导。在实际的外语教学活动中，学生要想比较深入地了解外语文化，感受文化差异，就必须掌握一定的外语语言基础知识。所以，外语文化教学应该以外语语言知识教学为基础，然后再结合文化教学的教学目标和个人的学习动力，设计和开展文化教学活动。①

分析以上几位学者的代表性学术观点可以看出：文化教学的目标受多种因素的影响，处于不断发展变化的过程中。分析这些不断发展的教学目标，我们可以总结出国外外语文化教学的最终目标是增强学生对不同语言文化背后差异的认识，丰富学生的语言学习经历，帮助学生认识其他民族文化影响下的交际模式和交际特征，从而培养学生对外语文化的理解与认同，引导学生在跨文化交际的语境中实现从不适应到适应再到熟练应对的过渡，进而实现跨文化交际的目的。

二、国内外语文化教学目标的设定

国内众多学者也对外语教学中文化教学的目标展开过深入的研究，接下来我们就对几个代表人物的观点进行介绍。

（一）胡文仲与高一虹对外语文化教学目标的设定

胡文仲与高一虹从三个层面论述了国内外语教学的目标，即微观、中观和宏观层面。其中，微观层面和宏观层面的教学目标与文化教学息息相关。微观层面的教学目标是培养学生的跨文化交际能力；宏观层面的教学目标则是培养学生的社会文化能力，即培养学生运用已学到的语言知识和技能对接触到的社会文化信息进行加工的能力，以达到激发学生潜能、完善学生人格的目的。其中社会文化能力又可分为语言能力、语用能力和对语言文化融会贯通、选择性吸收的能力。②

（二）张伊娜对外语文化教学目标的设定

张伊娜提出，外语教学工作者应超越文化教学工具观的定义层面，将文化教学培养目标当作外语教学整体培养目标的组成部分，从而在引导学生掌握外语语言知识的同时，建立起符合社会期望的价值观体系。③

---

① 朱金燕．大学英语教学改革探索[M]．武汉：中国地质大学出版社，2018：158.

② 胡文仲，高一虹．外语教学与文化[M]．长沙：湖南教育出版社，1997：72-83.

③ 张伊娜．外语教育中跨文化教学的重点及其内涵[J]．国外外语教学，2000（03）：28-31.

（三）陈申对外语文化教学目标的设定

陈申提出，文化教学的目标就是培养学生的文化创造力。他认为，文化创造力就是外语学习者在跨文化交际实践活动中习得并使用外语文化知识，进而与本民族文化相互作用而产生的一种创新能力。文化创造力属于个体发挥主观能动性而产生的一种能力，包括学生在学习英语语言文化的过程中，通过自己的感知和理解选取外语文化中的精华填补自己国家文化空白的能力。总而言之，外语教学的目标不只包括引导学生掌握外语文化知识，还包括培养学生的文化创造力。[①]

通过对国内学者在文化教学目标方面研究成果的分析可知，国内外语教学界的专家学者认为，外语文化教学对外语语言教学有着重要的帮助作用，外语文化认知和应用的能力不只是一项语言技巧，它事关学生社会性的发展和综合素质的提升，更重要的是它有利于学生健全人格的形成，能够帮助学生树立正确的世界观与价值观，以适应时代的发展和社会的需要。

三、国内高校英语文化教学的目标

文化教学已成为各大高校外语教学活动组织与开展的重要内容之一，对于文化教学的关注与重视，无论是在大学高等教育英语专业的学科教学中，还是在大学高等教育英语公共课、英语选修课的教学过程中，都有着相关的规定。将文化教学融入外语教学的过程中，使二者成为一个有机的整体，是文化教学未来发展的方向。而培养学生在语言文化学习、应用方面的能力则是国内各所高校开展文化教学的培养目标。具体分析如下。

第一，培养学生不断学习英语语言知识和文化的能力。这主要是因为任何一种语言的学习都不是一蹴而就的，尤其是当语言还处于不断发展和变化的过程中时，学生更需要充分发挥自身的主观能动性，循序渐进、深入浅出地学习和积累英语语言的知识和文化。在学习的过程中不断地思考和感悟其中的内涵和规律，这是一项没有终点的任务。学生只有自己主动投身于英语知识和文化的学习中，才能满足时代和社会发展的需要，提高自己对不同文化环境的适应能力。

第二，培养学生对语言文化知识的理解能力和对固定语言表达的积累能力。在学习英语语言知识和文化的过程中，学生肯定会遇到一些英语国家文

---

① 陈申．外语教育中的文化教学[M]．北京：北京语言文化大学出版社，1999：230-248.

化背景深厚或内涵丰富的语言表达，如词汇、短语、习语、谚语等。教师要引导学生积累和理解蕴含在这些语言表达背后的深层文化含义，以便加强学生理解英语语言和文化的特征。

第三，培养学生的跨文化交际能力。众所周知，伴随着经济全球化和文化多元化的发展趋势，世界政治、经济等领域的竞争越来越激烈，高校学生面临的是世界性的发展机遇和竞争环境。在这种时代背景下，跨文化交际能力已经成为个体应对时代发展需要所必须具备的能力之一。

第四，培养学生获取其他国家文化信息的能力。随着互联网信息技术和多媒体技术等高新技术的发展，人们获取英语国家文化信息的方法和途径也越来越多。除了传统的书籍、报刊、文献资料等纸质媒介之外，电视、网络、社交软件、学习软件等各种功能强大的载体，也为学生学习英语语言知识和文化提供了很多便利条件。学生能否充分利用这些工具、条件获取英语国家的文化信息就成了高校英语教师需要关注的问题，因此英语文化教学要培养学生获取相关文化信息的能力，并关注随后的文化鉴别能力与判断能力。

第五，培养学生客观、平等、包容的文化态度。在开展高校英语文化教学实践活动的过程中，教师要运用各种方法和途径创设跨文化交际中的真实情境，引导学生在最真实的交际情境中感受并理解英语国家的语言文化，在此基础上作出自己的判断，区分文化中的精华与糟粕。这对于高校学生适应国际交流发展的趋势具有重要的现实意义。

第三节　高校英语文化教学的原则

一、以学生为中心的原则

以学生为中心、以教师为主导的原则既是高校英语教学活动开展的指导性原则，也是英语文化教学的首要原则。传统的英语文化教学是以英语教师为主导的，它是根据英语教师个人的兴趣爱好和教学计划开展的，既缺乏系统性，又不能很好地照顾到学生的学习需求。而新形势下的英语文化教学应该以学生为中心，把以“教文化”为教学重点改为以“学文化”为学习重点。

但相应的以学生为中心并不意味着教师失去对教学的主导作用，只是教师从文化知识传播者的单一角色转变为开展语言文化教学的多重角色。在开展文化教学的过程中，英语教师的多重角色包括文化教学的设计者、文化知识的咨询者与传播者、文化意义的引导者、文化行为的训练者、跨文化交际的中介者等。

二、文化平等原则

高校英语教师在开展高校英语文化教学的过程中要遵循文化平等的原则，因为世界上各国的文化都是经过长期的积累和传承形成的，它们生存和发展所依赖的地域环境、历史条件等各不相同，因而在一定程度上没有可比性。正如美国文化人类学家弗朗兹·博厄斯（Franz Boas）所描述的，每一种文化都是特定社会群体生产和生活发展的产物，都被用来满足该群体的生存发展和精神需求，因此不能用好坏的标准来衡量。我国的文化与英语国家的文化都有各自的优势和特点，因此我们在面对西方文化时既不能骄傲也不用自卑，在学习过程中要以客观、平等的态度来面对西方文化。只有相互学习、相互尊重，才能共同发展、相互促进。所以说，文化平等意识和相互尊重原则是文化双向导入的基础。

三、文化与语言相结合的原则

高校英语教师应当明确地认识到教授英语的目的，不仅仅是让学生掌握单词、语法、句型等基础类型的语言知识，还应让学生掌握这门语言背后的文化。因为语言与文化二者之间的关系密不可分：语言是文化最重要的载体，是文化发展的基础；文化是语言发展的风向标，因此英语文化教学理应成为英语语言教学的重要组成部分。高校英语教师在教学活动过程中遵循文化与语言相结合的教学原则，需要做到以下几个方面的内容。

（一）加强文化知识的引介与传授

高校英语教师在保证学生掌握英语基础语言知识的前提下，还要注重对英语语言文化知识的介绍和传授。通过讲授英语语言文化知识，教师不仅可以帮助学生开阔视野，加强对英语文化的认识，还能提高学生学习英语的兴趣，帮助学生理解枯燥的基础语言知识，如理解固定短语、英文谚语的含义等。例如，在英语文化中，人们常用“rain cats and dogs”来表示雨下得特别大。如果学生不了解这句谚语产生的文化背景，就会感到难以理解，为什么下雨会跟动物猫、狗有关系呢？事实上，这是因为传说在很久以前的伦敦，由于城市的排水系统不是特别完善，再加上有时雨季多雨，因此一场倾盆大雨后常常是汪洋一片，淹死许多迷路的狗和猫，而当雨水退去之后，大街上就会冒出猫、狗的尸体，似乎是下雨带来了这些猫狗，后来人们就把“rain cats and dogs”比作倾盆大雨。高校英语教师除了在课堂上要注意讲授英语文化知识外，还要鼓励学生利用课外时间和课外活动积极了解和掌握英语语言文化，增加学生文化知识的积累。

（二）利用教材渗透多元文化的概念

在处理和应用教材的过程中，高校英语教师需要结合课本内容，引出语言文化知识，拓展文化教学内容。例如，词汇是语言中十分活跃的组成部分，也是最大的文化载体之一。因此，在日常的英语教学活动中，高校英语教师应注意介绍词汇的文化含义。英语中有很多词汇具有特殊的文化含义，了解这方面的文化知识，有助于学生掌握英语词汇，理解各种词汇表达。例如，西方国家起源于游牧民族，因此“马”成为西方人生活中十分重要的动物。在这种文化的影响下，英语中就产生了与“马”相关的一系列短语表达。例如，talk horse（吹牛）、a willing horse（工作认真的人）、work like a horse（像老黄牛一样拼命干活）、as strong as a horse（强壮如牛）、come off the high horse（放下架子）、buy a white horse（浪费钱财）等。

除此之外，由于生存环境、历史和文化的差异，汉语和英语中具有同样表层含义的词汇可能具有不同的深层含义。在讲解这类词汇的有关表达时，教师可以通过汉语和英语两种语言文化的对比进行阐释。例如，汉语和英语中的颜色词——红色。红色是中国文化中的基本崇尚色，中国人的红色情结是其他民族不可比拟的。在中国传统文化中，红色就代表着幸福和喜庆，是人们庆祝节日、装饰门庭的主打色之一，还有辟邪的含义。当今社会，人们又赋予了红色更多的文化内涵。例如，“红红火火”有祝愿生活越来越好，祝愿生意财源广进的意义；“红极一时”“红得发紫”表示某人知名度很高，很受人欢迎；“过年分红”指将盈利分给众人等。红色在西方文化中却有着不同的象征意义，红色在英文中有“鲜血”“暴力”“危险”“亏损”“负债”等负面含义。例如，“red revenge”意为血腥复仇，“a red battle”意为血战，“red card”意为红牌，“red alert”意为红色警报，“red figure”意为赤字、亏损等。

在高校语法教学的过程中，英语教师也可以结合多元文化知识进行讲

授。教师可以对比汉语和英语在基本句型、主谓结构以及句式、时态、句子构成等方面的异同，启发学生的思维，引导学生对两种语言的差异展开讨论，扩大学生的知识面，激发学生的学习兴趣，从而帮助学生加深对英语语法的理解，提高他们运用英语的能力。例如，汉语和英语在句式上的差异主要表现为汉语多短句，英语多长句。这种差异产生的主要原因是，汉语属于意合语言，注重语义的表达，因此不同的含义要放在不同的句子中表达出来；而英语是形合语言，注重结构的完整。因此，只要结构允许，不同的意思也可以放在一个比较长的句子中论述。从文化角度分析，英语重形合与汉语重意合的特点，体现出两种民族文化影响下人们思维模式的差异，即中国传统的思维方式更注重直觉、体验和领悟，而西方哲学的思维方式则更注重概念、判断和推理。

（三）文化内容与语言水平相适应

高校英语教师在英语文化教学的过程中应遵循语言教学与文化教学相结合的原则，还要做到使文化教学的内容与学生的语言水平相适应。这主要是因为学生的语言水平是制约文化学习过程和文化学习结果的关键性因素之一。

英国学者 M. 拜拉姆（M. Byram）曾提出，文化教学内容的设置应遵循由具体到抽象、由简单到复杂的原则。如在学生刚接触英语的初级阶段，学生的英语水平较低，掌握的语言知识较少，此时文化教学的内容就应选择一些与学生日常学习、生活息息相关的话题，如一日三餐、家庭关系、社交礼仪等；发展到英语学习的中级阶段，学生掌握的词汇和语法逐渐增多，此时在教学内容中可以适当添加一些较复杂的文化知识，如外国著名历史人物、文学故事等；发展到高级阶段，就可以开始文化观念和文化差异等理论方面的学习与讨论。需要注意的是，每一种文化本身都是蕴含丰富内容的，因而即使是同一个文化主题也可以设置不同的难度。在学生学习语言的不同阶段，相同的文化话题可以反复出现，只是随着学生语言水平和知识能力的提高，教师要适当提升文化学习内容的难度。

四、交际性原则

交际存在于人们的日常生活和工作中，没有交际，社会便不能正常运转。那么交际到底是什么呢？研究表明，交际是在特定语境中，说者与听者或者作者与读者之间的意义传递与转换，而语言是人们进行交际的重要工具，人们利用语言来传递信息、交流思想、分享情绪。英语作为一种国际化的语言，更是我们应该学习和掌握的对象。也就是说，学习英语的首要目的就是发挥英语的交际作用，因此英语教学的首要目标就是培养学生的交际能力，而交际能力的核心就是人们能够利用自身掌握的各种语言知识和交际知识在不同的场合背景下与不同的对象展开有效、得体的交际。因此，高校英语教师在开展英语跨文化教学的过程中要贯彻落实交际性原则。如图 5-1 所示，英语教师可以从五个方面入手，贯彻落实交际性原则。

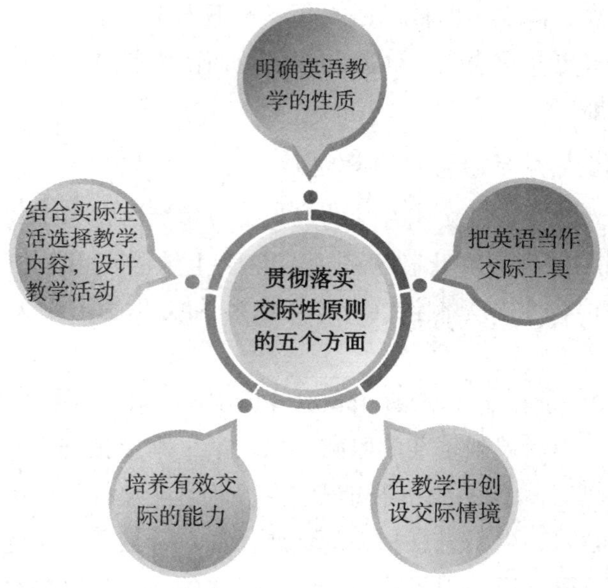

图 5-1　贯彻落实交际性原则的五个方面

（一）明确英语教学的性质

在传统的教学观念中，英语是一门需要学生掌握很多词汇和语法规则的语言课程，学习该课程的主要目的是应对教育部规定的学科考试。但事实上，英语教学是一门技能培养类的课程，掌握了英语就是掌握了一项语言技能，所以高校英语教师要把英语作为一种有效的交际工具来教、来学、来使用。在教学活动开展的过程中，教师的教、学生的学以及英语的使用，这三方面是一个相辅相成、不可分割的统一体，这个统一体的核心是英语的使用。与教授一项运动技能类似，教授学生使用英语进行交际的方法在于引导

学生使用英语表达自己，与他人进行沟通、对话，如果只教授理论不教授应用，就不能实现最终的教学目标。因此，教师要转变传统的教学观念，了解课程的性质，树立新的、科学的教学观念，这才是落实交际性原则最先要解决的问题。

（二）把英语当作交际工具

高校英语教师应当明晰英语作为一种语言，是一种有效的交际工具。开展英语教学的主要目的之一就是训练学生使用这种交际工具的能力。显而易见，使用交际工具的能力是在实践中训练出来的，无论是口头训练还是书面训练，都是不可缺少的，因此英语教师要把英语作为一种交际工具来使用，学生要把英语作为交际工具来掌握。教师在课上要引导学生用英语回答问题，参加讨论，在课下要用英语与同学开展交际活动。

（三）在教学中创设交际情境

交际活动的进行需要特定的情景为背景，构成情景的基本要素主要包括时间、地点、参与者、交际方式等。一般在特定的情景中，交际发生的时间、地点以及参与者本人的身份都会影响参与者说话的内容、语气等谈话因素。因此，在高校英语教学的过程中，教师一定要将教学内容安排在现实且有意义的情景之中，这样才能更好地发挥英语的交际作用，也能让学生产生身临其境的感觉，从而提高他们学习英语的兴趣。例如，“Do you know what time it is now?”这个疑问句就有两种不同的含义：一是询问者想知道现在的时间，因此向别人询问，此时这句话应是请求语气；二是询问者在等待他人的过程中对他人迟到的一种反问，意思是“你知道现在都几点了吗？你怎么还没到（或者才到）？”，此时这句话应是责备语气。因此，在讲解英语交际句型的过程中，英语教师要先明示这种表达是发生在何种交际情境之下，这样才能让学生充分理解每句话所表达的意思。

总而言之，教师要想办法根据教学内容，充分利用学校提供的教学条件，创设出与日常生活息息相关的各种情景，开展具有交际性、真实性的英语交流训练活动，这样不仅能调动学生学习的积极性和主动性，还能做到学用结合。此外，教师还可以设计一些任务型教学活动，引导学生通过参与任务、完成任务获得相应的英语知识和经验。为了符合交际能力培养的要求，这些活动应当具有交际的性质。

（四）培养有效交际的能力

传统的英语教学只强调英语学习中语法结构的正确运用，而当前英语教学的主要目标是培养学生进行有效交际的能力。而根据交际性原则，良好交际能力的体现就是参与者在交际活动中，能在适当的场合、合适的时间，以恰当的表达方式表达自己内心的想法。这一要求与第三点要求有着紧密的联系。教师只有不断地创设情景，组织学生开展多方面的交际活动，如角色扮演、话剧表演、影视剧台词配音等，才能帮助学生轻松应对各种场景，从而掌握地道的英语。

（五）结合实际生活选择教学内容，设计教学活动

语言的产生与发展和人们的实际生活密切相关，因此教学内容的选择和教学活动的设计必须切合人们的现实生活，保证教学内容的真实性。高校英语教学要把英语这一语言的传授和学生关心的热门话题结合起来，要把一些题材广泛、内容丰富、贴近生活的信息材料融入教学内容中。这样的材料由于具有很强的真实性，容易使学生产生共鸣，进而激发学生学习的积极性与主动性，也促使他们认识到学习英语的目的在于交际而不是应付考试或者拿证书。例如，在教授有关兴趣爱好的话题时，教师可以让学生描述一下自己在课余时间喜欢做的事，然后根据学生的回答，如读书、看电影、听音乐、打篮球等，导入“read books”“watch movies”“listen to music”等短语或句型。与此同时，教学内容的真实性还要求教材中的语言和教师的课堂语言是真实的，也就是说，以上两种语言应是实际交际过程中会使用到的语言，而不是专门为了教学活动而编创的语言。

第四节　高校英语文化教学的方法

高校英语文化教学的方法有情境教学法、交际教学法和自主学习教学法等。在多元文化背景下开展高校英语文化教学的目的不仅是增加学生的文化知识储备，更是培养学生的英语综合运用能力、跨文化交际能力以及帮助学生树立正确的文化意识，发展学生的整体素质和健全人格。因此笔者认为，

情境教学法、交际教学法和自主学习教学法比较适合英语文化教学活动的设计和开展。

一、情境教学法

（一）基本定义

情境教学法的核心不是培养学生的书面语能力，而是激发学生的情感，使学生能在复杂多变的跨文化交际情境中充分发挥主观能动性，做出正确的判断，灵活应对各种交际语言。在教学过程中，高校英语教师会根据教材内容充分利用图片、实物、电子影像等教学条件，并结合学生的身心特点设计并开展教学活动。使用情境教学法开展文化教学的基本步骤有以下三个。

一是设置教学情境，学习目的语语言和文化。

二是以培养听说能力为主，反复开展练习。

三是布置适量的书面练习题，巩固语言结构认知和文化认知。

因为在情境教学法中，教师主要是用英语组织教学活动，向学生讲解语言知识和布置作业的，所以教师要保证自己的英语表达是标准的、正确的，这样才能给学生树立好学习的榜样。如果碰到一些用英语难以解释的语言知识，教师也可以适当使用母语进行讲解，不过教师应要求学生尽量使用英语对话、提问。

（二）教学原则

1. 自主性原则

此处的自主性原则主要包括以下两个方面的内容。

其一是指情境教学法的实施需要师生之间保持良好的教与学的关系。良好的师生关系是开展情境教学的基础保证。因为情景教学的设定就是模仿实际的交际状态，只有教师和学生之间互相尊重、互相理解、互相信任，才能设定模仿真实交际情况的教学情境，教师才能引导学生进入教学情境。这意味着教师必须了解学生对学习外语的想法和需求，学生也要学会理解教师的教学目的，积极响应教师的引导和号召。

其二是指学生在教学活动开展的过程中要保持其主体地位。这是因为情境教学法的根本教学目的是培养学生的独立意识和自我评价能力。要坚持这一原则，教师在教学过程中需要做到从学生的实际需求出发，使学生在学习语言的过程中体验交际的乐趣，保持快乐的心情。

2. 体验性原则

教师通过情境教学法开展外语教学活动的过程中，要想办法根据教学内容设置恰当的教学情境，然后引导学生发现问题，依靠自身的能力去寻找问题的答案，并分辨、讨论。这一原则要求教师要帮助学生树立“过程”与“结果”同样重要的观念，让学生在轻松愉快的氛围中体验学习，取得进步。

（三）情境设计

语言的产生和发展离不开特定的文化背景，人们的日常交际行为和社会的发展都离不开语言的使用，因此，语言的学习应放在一定的社会文化情境中开展。根据现实交际情境提供的场景，学生可以激活原有的认知经验，并将新的知识与之前的认知经验联系起来，从而理解新的知识，将新知识加入原来的认知体系。因此，在高校英语教学活动中，教师要设计出能引导学生激活旧的认知经验，并积极参与到新的交际对话中的真实情境。要设计出这样的真实情境，教师可以从以下几个方面入手。

1. 范例提供

由于理解和解决问题的前提是对问题有所了解并能够根据自己的经验建构解决问题的心理模型，而学生不可能对所有情境和问题都有经验，因此，教师需要为学生提供相应的范例来填补学生的认知空缺，为问题的解决奠定基础。并且，为了培养学生灵活的认知能力和思维方式，教师提供的范例要包括解决问题的多种观点和思路，这样更有利于学生发散思维，发挥想象力和创造力。

2. 任务呈现

任务的呈现是指教师对学生学习任务的呈现。在情境教学法中，教师向学生呈现学习任务时，首先，要注意向学生介绍问题发生的社会文化背景，帮助学生理解英语国家的历史、地理、社会组织结构、群体行为模式等文化知识；其次，要尽可能用生动、有趣的语言呈现该问题。除此之外，教师还要在呈现过程中为学生预留一些可操作的空间，这些都是为了引导学生更快地融入情境中来，吸引学生积极参与回答问题。

3. 教师指导

建构主义理论认为学生是教学活动的中心，学生应主动建构知识意义，加工知识信息。同时，教师是整个教学活动的组织者、引导者，对学生的知

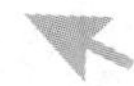

识意义建构起到促进和帮助作用。因此，教学活动的每一个环节都离不开教师的精心设计、有效启发和组织管理，如果失去了教师的引导和管理，学生的建构行为就成了没有秩序的盲目探索，是无法获得成功的。在高校英语文化教学活动中，如果学生遇到不理解的与英语文化相关的知识内容，教师可以给予适当的解释和引导，帮助学生完成情境学习任务。

4. 信息资源

教师在进行情境设计的过程中，还需要确定学生所需信息的具体种类和数量，以建构问题模型，提出方法假设。教师需要为学生提供必需的信息资源，以开展情境布置。这些信息资源应是学生乐于接受的，并能帮助学生认识和解决问题的，具体而言应包括各种信息和知识，如文本、图片、实物、音频、视频、动画等，以及通过其他手段能获取的各种相关文化知识资源。

5. 认知工具

由于学生的知识经验有限，感官输入信息的能力也有限，因此获取认知资源的途径也受到了限制。此时学生就需要认知工具的帮助。认知工具是情景设计的重要辅助工具，具体是指支持和扩充学生思维过程的心智模式和设备。认知工具通常是可视化的智能信息处理软件，如专家系统、信息库等。

二、交际教学法

（一）基本定义

交际教学法产生于 20 世纪 70 年代的欧洲国家，交际教学法的产生与当时的社会历史背景密切相关。20 世纪 60 年代，西方发达国家经济发展迅速，交通日益便利，不同国家和地区之间在政治、经济、文化等领域的沟通与交往日益频繁。在沟通与交往的过程中，语言不通成为主要的障碍。一些在自己国家学过外语的人到了国外却也无法顺利开展交际活动，这严重影响了他们的生活和工作。在这种情况下，交际教学法应运而生。

交际教学法以社会语言学和心理语言学为理论基础，以交际功能为大纲，以培养学习者的交际能力为目标。此处的交际能力不仅仅是指语言的沟通和对话能力，还包括不同场景下的应对能力，比如如何运用语言及相关文化知识进行各项工作、获取交际信息、开展人际交往等。也就是说，在使用交际教学法开展教学活动的过程中，教师的注意力应放在如何引导学生使用语言完成交际任务、达到交际目的上，而不是只关注句子的结构或表达是否正确。

（二）教学原则

交际教学法有四项基本的教学原则，如图 5–2 所示。

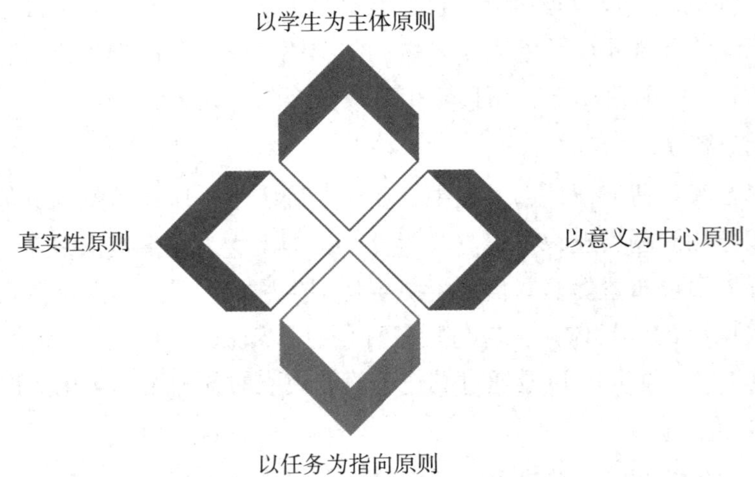

图 5–2　交际教学法的教学原则

1. 以学生为主体原则

交际教学法强调语言在交际中的应用和学生交际能力的培养，因而把学生当作教学过程的中心和主体。课堂教学上的大部分时间应是学生在思考、在实践，教师讲解的时间只占一小部分。当然，教师的职责和任务还是十分重要的。交际教学法中教师的主要职责有两个方面：一是为学生营造一个没有压力、轻松和谐的课堂氛围和接近真实情境的语言实践场所；二是教师要想办法充分调动学生参与教学活动的积极性和主动性，鼓励学生多发现问题、思考问题，通过实践、调研等方法，自己动手解决问题。

2. 以意义为中心原则

在真实的交际情境中，人们最关心的永远是意义的传递和情感的表达。其中，意义的传递是最基本的，因而交际教学法特别强调以意义为中心，这一点与传统的教学方法存在很大的区别。如果教师遵循的是传统的结构主义教学方法，那么就会把词汇、语法、句子结构作为教学的重点。事实上，这也是在众多传统教学法的教导下，学生不愿意用英语开口交流的重要原因。因为他们学习的不是如何在交际中使用英语，而是为了证明他们对语言形式的理解和掌握，因此，就算有多年学习英语的经验，他们也不擅长用英语与

他人进行交流。也就是说，学生学到的不是语言的实际运用，而是语言形式的用法。

在交际教学法中，教师不再强调语法和句型的完全准确，不再要求学生说出的每一句话都要符合语法规则。教师会高度容忍学生所犯的语言错误，因为教师明确地知晓，任何语言的学习都是在不断地犯错与改进的过程中进行的。如果学生能比较完整、顺畅地让自己的表达被他人理解，教师就等他们表达完再引导他们发现错误并纠正，而不是听到一个错误就打断学生，这样不仅会打断学生表达的思路，还会打击学生的自信心。当然，重视意义的传递不是完全不顾语言的形式。语言的形式作为语言的重要组成部分，也是学生应该学习和掌握的。我们只是强调要想把语言运用到实际的交际情境中，学生必须重视语言意义的传递，必须根据不同的场合灵活地使用语言。只有这样，学生才能做语言的主宰者，让语言为自己服务。

3. 以任务为指向原则

在使用交际教学法设计教学活动的过程中，教师需要为学生提供一定的交际话题或分配一些交际任务，这样他们就能有目的地参与更真实的交际练习活动。事实上，完成任务和开展交际，二者不仅不相互冲突，还能相互影响、相互促进。带着任务去交际，就相当于把语言的学习和练习与其他学科的学习融合到一起，把语言当作一个工具或媒介来学习其他学科的知识。这样一来，学生会更真切地感受到语言的生命力，学生与学生之间会有更多、更真实的交流。

4. 真实性原则

真实性原则是指学生要在接近真实情形的交际环境中学习和使用语言，这样才有助于提升学生的交际能力。交际教学法的真实性原则体现在以下两个方面。

（1）教学内容的真实性。要培养学生的语言运用能力和交际能力，首先高校英语教师应在教学内容的设计上选择一些贴近生活的语言材料。像诗歌之类的体裁在实际生活中很少用到，因而这类内容的材料不适合用于培养学生的语言交际能力。相反，以完成任务、解决问题或者完成专题为目的的语言活动会涉及大量现实生活中可能会遇到的语言交际材料，因此，教师应多举办此类活动，有针对性地帮助学生锻炼语言交际能力，掌握语言正确的使用方法。

（2）交际环境的真实性。在英语教学活动中，如何创造语言交际的真实环境，帮助学生在交际活动中掌握语言使用的正确方法，是体现交际教学法真实性原则的重要方面。在活动中，高校英语教师和学生应共同创造真实的氛围，而不是为了某个句型进行固定的练习。除此之外，交际教学法要求学生使用真实的语言进行交际，还要求他们说出的话充满创造性和灵活性，既不能为了显示对语言的掌握而使用语言，还要注意语言表达的多样性和扮演角色的真实性。教师要鼓励学生积极融入自身扮演角色的情境中，让他们对未来可能发生的交际行为充满期待。

（三）教学应用

1. 设计交际行为

使用交际教学法开展高校英语教学应设计突出语言功能特点的交际活动。设计这类交际活动的目的是鼓励学生尽可能地利用已经掌握的目的语实现有效的交际，如交换信息、解决问题、传递情感。能突出语言功能特点的交际活动主要有以下三类。

（1）描述活动。描述活动是指教师让学生对具体的事物或者事件展开描述的教学活动。组织描述活动的目的在于促进学生以段落的形式运用目的语。例如，教师可以安排学生描述自己的家乡、自己的校园生活、自己身边的人、自己的兴趣爱好等。描述活动的另一个优点在于它有利于锻炼学生的逻辑思维能力和语言组织能力，而这些都可以帮助学生更好地参与交际活动，更好地表达自己的想法。

（2）猜词活动。学生参与语言交际活动的前提是学生本身已经掌握一定数量的句子和表达，教师可以组织猜词活动锻炼学生的英语表达能力。猜词活动的具体操作方法是，教师首先要从全班同学中选出两位同学，并让其中一位同学面向全班，另一位同学面向黑板；然后请面向黑板的同学在黑板上写一个刚学习过的词语；接下来，全班同学举手示意，分别描述这个写下的词语，并请那位面向全班的同学猜出这个单词是什么。在这个过程中，学生的口语可以得到有效的锻炼。

（3）对话活动。一个人的交际能力在很大程度上表现为进行简短对话，和他人互通情感的能力，这一能力具体又可表现为对各种话题发表评论和感受的能力。例如，学生是否能针对天气、交通状况、体育赛事、日常生活等

话题与他人展开无障碍的简单对话。这些简单的对话看上去意义不大，却能帮助人们创造良好的社交氛围。

2. 评价交际能力

在高校英语教学活动中，以下三个方面的评价是相互联系，缺一不可的。只有对这三个方面都有所掌握，才能有效提高学生的文化得体意识，帮助学生更好地参与文化交际活动。

（1）对目的语得体性的评价。首先，学生对交际话题的选择决定了其是否对目的语文化背景知识掌握得较好。例如，在中国汉语文化中，一个人的婚姻状况、年龄等话题一般是可以讨论的，这体现了人们之间的关心和热情。但在英语文化中，这些话题却因为涉及个人隐私被禁止讨论，如当一个中国人问外国人“How old are you?”时，就会被认为违反了英语文化中的言语行为准则，也就是形同使用了不得体的语言。

（2）对目的语文化背景知识的评价。教师在培养学生交际能力的过程中，要对目的语文化背景知识进行介绍和讲授，这有助于学生掌握语言运用的得体性。因为一种语言表达方式是否得体，从根本上来讲是由该语言背后的社会文化习俗决定的。

教师在考查和评价学生对目的语文化背景知识的掌握情况时，可以给学生呈现一个产生了文化误解的场景，这些文化误解很有可能导致交际障碍甚至交际冲突，教师可以让学生加以判断并进行纠正。如此一来，教师就可以了解和判断学生对该语言文化规则的掌握程度，并提供启发性的指引，引导学生了解和掌握目的语文化语境的交际规则和交际技巧。教师还可以引导学生对比目的语文化和母语文化的异同，进而加深学生对两种语言文化的印象，帮助学生掌握跨文化交际的技巧。

（3）对约定俗成语言掌握的评价。由于每一种语言都包含大量的约定俗成的语言形式和用法，那么即使学生说出的语言符合语法规范，但如果不符合约定俗成的用法，在交际过程中也会遇到信息传递的困难。例如，在问候语方面，英语常用“How are you?”而不用“Are you well?”。在英美的文化礼仪中，还有一些表示特定含义的俗语，如在邀请客人先于自己进入房间时要说“After you!”。

三、自主学习教学法

（一）理论支撑

根据系统论的观点，我们可以从两个角度来认识和理解自主学习的概念，既可以把自主学习理解成一种活动，也可以将其当作一种个人能力。具体来说，自主学习作为一种活动是动态的、不断变化的，由其先后执行的程序和子过程或者说是活动机制构成。自主学习作为个体的一种能力来讲本身是一个比较稳定的系统，该系统有相对稳定的内部结构和构成成分；且作为一种能力来说，它的培养和形成需要经历较长的时间。本节选择了以下三种具有代表性的自主学习“理论”来阐述自主学习的内部构成和活动机制。

1. 班杜拉的自我调节理论

班杜拉（A.Bandura）是第一个对个体的自我调节行为展开系统研究的心理学家。20 世纪 90 年代中后期，班杜拉提出了个体自我调节行为的三个过程，即自我观察、自我判断和自我反应。[①] 班杜拉的理论研究得到了许多人的关注和认可，目前有很多从事自我学习研究的学者在班杜拉自我调节理论的基础上，展开了对自主学习机制的深入探讨。

2. 麦考姆斯的自主学习模型理论

麦考姆斯（B.L.Mecombs）曾在 20 世纪 80 年代末期提出过一个自主学习模型，该模型阐释了自我系统与自主学习的关系。麦考姆斯认为，自主学习能力是自我系统发展的结果。自我系统的构成成分和过程成分在自主学习过程中发挥了巨大作用。自我系统不仅能激发学习者的学习动机，而且影响着自主学习中信息的加工和组织。因此，外界想要提升学生的自主学习能力，一方面要引导学生认识到自身所具有的能力，另一方面要针对具体的自我过程进行系统训练。[②]

3. 查莫特的自主学习过程理论

查莫特（Chamot）是自主学习社会认知学派的代表人物之一，他通过学

---

① 班杜拉 . 思想和行动的社会基础 社会认知论 第 1 卷 [M]. 上海：华东师范大学出版社，2001：63-68.

② 严明 . 大学英语自主学习培养模式研究 体验的视角 [M]. 哈尔滨：黑龙江大学出版社，2009：79-80.

习和研究，吸收了班杜拉的自我调节理论，以此为基础提出了自己的自主学习模型，并在后期补充了该模型的一些设计。他认为，自主学习与其他学习的共同之处是它们的产生与发展都要受到自我、行为和环境三方面因素之间的相互作用；自主学习与其他学习的不同之处在于，自主学习除了要基于外部的反馈，对学习的外在表现和学习环境作出监控和调节外，还要充分发挥个体的主体性控制和调节自主学习的过程。①

查莫特将自主学习的过程分为三个阶段：计划阶段、行为表现阶段和反思阶段，其中每个阶段又有自己独特的内部结构和过程。但自主学习最重要的是学习者要有主动学习的心态。通常情况下，一个个体要实现自主学习需要具备两个基本条件：一是树立自主学习，想要自我进步的意识，即学习者“想学”；二是学习者知道并理解学习的方法和策略，也就是“会学”。

（二）教学应用

在高校英语文化教学的过程中，自主学习教学法的应用主要体现在教师通过组织教学和激励教学的具体操作，激发学生学习英语文化知识的积极性与主动性，进而引导学生掌握一定的文化学习方法，最终实现学生对英语文化知识的自主学习、系统掌握和实践应用。

1. 组织教学

课堂组织是实现教学目标、完成教学任务的一个主要因素。任何教学活动缺乏了教师的有效组织都不能展现出应有的效果。因此，高校英语教师必须掌握一定的教学技巧和教学能力，及时地发现课堂问题，安排课堂活动，保证课堂教学的顺利进行。在开展高校英语文化课堂教学的过程中，教师的首要任务就是创造出有利于学生自主学习英语文化的环境和条件。

人本主义理论的运用使学生成为课堂的主体，教师的角色也随之发生变化，教师成为课堂教学活动的组织者、控制者、检测者、启发者、参与者和信息源。对于教师而言，课堂组织要选择适当的交互模式，课堂内的交互活动是教学活动的载体。交互活动决定着学生的参与程度。交互模式是否得当、运用是否合理等都会直接影响课堂的组织。课堂活动的互动方式一般分为四种：班级、小组、同伴、个人。不管采用什么方式，教师都应尽可能地让所有学生参与教学活动中，这也是提高学生学习英语文化知识兴趣的重要

① 张素艳．自主学习理论的大学英语教学策略[J]. 文学教育，2015（14）：2.

途径。比如，在进行英语文化教学的实践过程中，教师可采用合班的形式将两个班的学生合为一班，然后在多媒体教室进行统一授课。教师当面讲授结合课前准备的教学课件，通过文本、图像、动画、视频等多种呈现方式突出教学内容的重点，在十分有限的时间内为学生提供广泛而又充足的文化知识，既增加了课堂的教学容量，又扩大了学生的知识面，刺激学生的感官，活跃大脑思维，从而增强学生的记忆，提高学生的学习效果。

2. 激励教学

相关研究表明，动机在影响第二语言习得的主要因素中比重占 33% 所谓动机，就是对某种活动有明确的目的性，以及为达到该目标而作出一定的努力。对第二语言学习者来说，想要学好英语文化知识，提高自身的文化素养和跨文化交际能力，首先要有强烈的学习愿望，继而产生学习的动力，最后付诸行动。在我国，学生是第二语言学习者的主力军，大多数学生更加重视英语语言知识和技能的学习，忽视了对英语语言文化的理解和掌握。

尤其在高校学生中，有相当一部分人的学习动机是短期的、外在的被动性动机，许多学生虽然也能意识到学习英语文化的重要意义，但由于缺乏内在的、深层次的主动性动机，所以平时并不努力学习英语文化，对自己的英语综合应用能力和跨文化交际能力也没有很高的要求。他们在学习英语文化的过程中遇到困难，不是想办法克服困难、战胜困难，而是选择避而不见，或放弃学习。因此，如何培养和激发高校学生的英语文化学习动机是教师面临的一项重要任务。

要培养和激发高校学生的英语文化学习动机，首先要了解动机的概念。事实上，一个完整的动机概念由三方面的因素组成，即动机的外在诱因、内在需求与自我调节作用。具体而言，动机就是在自我调节功能的作用下，协调自身的内在需求与行为的外在诱因，从而形成激发和维持行为的动力因素。

（1）内在需求的培养与激发。动机来源于学习者的内在需求，因此教师要从学生的内心世界出发，唤醒他们学习的状态。将学习者的内在需求与学习目标联系在一起，就能将学习者的基本需求状态转化为唤醒状态，进而形成具有一定能量和方向性的驱动力。驱动力是展开行为的直接动因。在实际的教学活动中，教师要引导学生通过仔细认知和理解自己的学习目标来加强学生的内部唤醒状态，进而提高其学习的内部驱动力水平。如果学习者能成

功开发出这种学习动机，那么他们的英语文化学习就能持久，就不会轻易放弃，也正因为他们的内心深处对英语文化学习有坚定的想法，所以他们在学习过程中不容易受外界的干扰，更能集中精力和注意力。对于教师而言，他们需要做的就是根据教学目标和教学内容，收集整理相关资料信息，为学生创设文化学习的语言情境，帮助学生扩展文化应用知识，不断激发学生的学习需求和学习兴趣。

（2）外在诱因的设置与运用。动机的外在诱因主要是指针对学生设置的行为目标和奖惩办法。高校英语教师在开展英语教学活动的过程中，要根据学生个人的具体情况设置文化教学目标，教学目标的水平要高于学生现有的英语水平，既要让学生感到既有挑战性又不宜过于困难，并且可以结合学生的学习目标进行设置，只有这样才能有效调动学生学习的积极性，让学生在完成目标的过程中体验成功的快乐，并形成长期学习目标奋斗的动机。美国心理学家赫洛克（E.B.Hunlock）曾表示，在提高学习效果的方法、形式中，表扬起到的作用要远远大于忽视、批评等否定形式起到的作用。因此，在高校英语教学活动中，教师要多关注那些自信心不足、害怕失败的学生，要鼓励他们的学习能力的提高和进步的表现。此外，虽然在教学过程中惩罚学生的目的是帮助学生克服学习过程中出现的注意力不集中和学习不努力的行为，但惩罚行为往往会伤害学生的自尊心和造成学生的敏感情绪，引起学生的不满，因此，不适合经常使用。

（3）自我调节能力的培养。自我调节是连接和协调动机的内在起因与外部诱因的中介桥梁。高校英语教师要在开展教学活动时对学生的学习效果进行合理的预期；学生也要对自己的学习行为有合理的预期，根据预期来调整自己的学习行为、学习目标和学习方法等，使学习的行为方案符合自己的内在需求。教师在教学过程中还需注意及时向学生反馈他们的学习效果，让学生时刻掌握自己的学习水平和进展，从而清楚自己的定位，调整自己的学习动机和学习目标。

（4）结果成败归因的训练。所谓归因，就是个体对自己或他人行为的结果进行的解释或推论。在开展学习活动的过程中，每个学生都会体会到自己的学习行为带来的成功或失败，也能用各种理由解释自己的成功或失败。归因判断是否得当，直接影响学生的学习心态和自我评价。如果学生把失败归因于学习方法不当、努力程度不够，那么他们就会尝试改变学习方法或者更加努力地学习；如果学生把失败归因于自己的学习能力和智商，那么他们可能就会对自己失去信心。

因此，高校英语教师要让学生对自己的学习能力和智商持有充分的自信，指导学生总结学习过程中的经验教训。成功的经验值得发扬和继续坚持，失败的教训也十分宝贵，要引导学生客观评价失败的原因并吸取教训，争取下一次不再犯同样的错误，从而培养良好的归因心理。这种训练能够改变学生的归医方式和分析问题的角度，从而提升他们学习英语文化知识的自信心与积极性。

第六章　多元文化视域下的高校学生跨文化交际能力的培养

第一节　跨文化交际基本认知

一、跨文化交际的定义

随着信息技术的进步和交通工具的发展，不同国家、不同地区、不同民族的人能够频繁地接触和交往，由此展开的跨文化交际成为这个时代发展的突出特征。跨文化交际还被认为是世界范围内人类交际的第五个阶段，前四个阶段分别为：语言的产生、文字的使用、印刷术的发明、交通工具的进步和通信手段的发展。综上所述，跨文化交际是人类一种重要的社会活动。要研究跨文化交际，我们首先需要对它的定义有大致的了解。下面是国内外学者提出的跨文化交际的定义。

中国英语教学研究会会长、中国跨文化交际研究会会长胡文仲表示：跨文化交际就是不同背景的人们之间的交际。① 中国语言学及应用语言学家吴为善、严慧仙对跨文化交际的定义：来自不同文化背景的人在特定的交际情境中使用同一种语言进行口语交际。② 美国传播学研究学者拉里·萨莫瓦尔（Larry A. Samovar）认为跨文化交际是指那些其文化观念和符号系统的不同足以改变交际事件的人们之间的交流。③ 美国人类交际研究学教授丁允珠（Stella Ting-Toomey）将跨文化交际定义为：跨文化交际是来自不同文化背景的人们之间符号性交流的过程。有效的跨文化交际的目标是在交互的情境

① 胡文仲．跨文化交际学概论 [M]. 北京：外语教学与研究出版社，2012：3.

② 吴为善，严慧仙．跨文化交际概论 [M]. 北京：商务印书馆，2009：21.

③ 萨莫瓦尔等．跨文化交际 [M]. 北京：外语教学与研究出版社，2000：48.

中给不同的个体创造共享的意义。①

根据以上定义，结合跨文化交际的英文名称 cross-cultural communication 或 inter-cultural communication，我们可以进一步概括出它的定义内涵：跨文化交际指本族语者与非本族语者之间的交际，也指任何在语言和文化背景方面有差异的人们之间的交际。例如，当两位使用的语言相同，但文化背景不同的交际者交际时，他们的交际过程也称为跨文化交际。从对这一定义的界定中，我们可以看出跨文化交际包含四大要点，如图 6-1 所示。

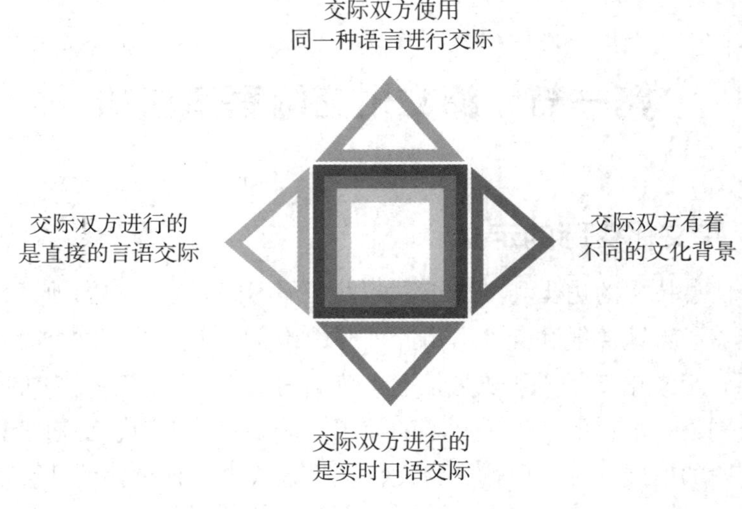

图 6-1　跨文化交际的四大要点

1. 交际双方使用同一种语言进行交际

如果交际双方使用的语言不同，那么交际就无法顺利进行。语言是交际双方开展交际活动的基础。如果交际双方有着不同的文化背景，并且双方都使用同一种语言，那么用来交际的语言对于一方来说是母语，对于另一方来说就是习得的目的语。例如，一个中国人和一个美国人进行交谈，他们既可以用英语，也可以用汉语，这样就是使用同一种语言进行交际。

2. 交际双方有着不同的文化背景

不同的文化背景所产生的文化差异有两方面的含义：一方面指不同的文化圈之间的差异，如东方文化圈和西方文化圈之间的差异；另一方面也可指

① TOOMEY. 文化间的交流 [M]. 上海：上海外语教育出版社，2007：16.

同一文化圈内部亚文化之间的差异，如东方文化圈中，中国文化圈与日本文化圈、韩国文化圈之间的差异。从跨文化交际的实践来看，中国人在和西方国家的人在人际交往过程中会产生因文化差异导致的交际冲突。

3. 交际双方进行的是实时口语交际

跨文化交际的形式是多种多样的。有使用语言符号的交际，也有使用物化形式符号的交际，如商品、画报、实物、演出等；有交际双方都在现场的双向交际，也有利用媒介达到交际目的的单向交际，如利用电视、广播、报刊等传播信息的交际；有口语交际，也有书面语交际，如公文、信函、邮件等的往来。这里主要讲的是交际双方以口语形式进行交际。

4. 交际双方进行的是直接的言语交际

这一要点主要是针对跨文化交际中的翻译角色而言的。由于语言不通，不同文化背景的人想要展开交际就需要翻译的帮助，此时交际双方需要考虑的文化差异问题主要靠“翻译”这个中介来解决。译者必须事先了解两种语言背后的文化差异，在翻译时避免因为文化问题导致词不达意，甚至引起误会的情况发生。因为双方进行的是直接的言语交际，所以留给现场翻译反应的时间并不多，这对译者来讲也是个不小的挑战。

二、跨文化交际的特征

跨文化交际除了自身包含的要点之外，还有一些特征，如图 6–2 所示。

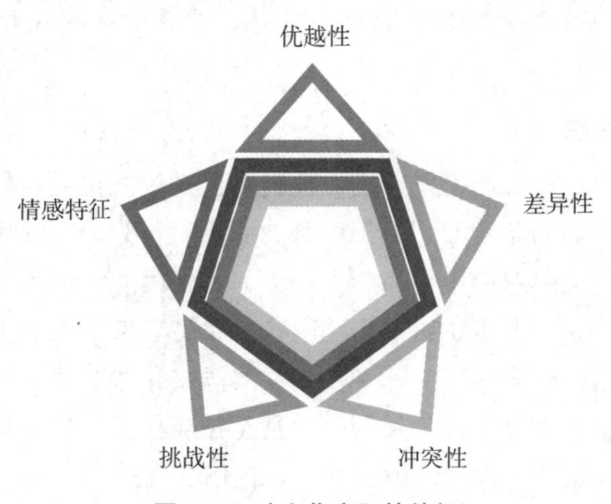

图 6–2　跨文化交际的特征

（一）优越性

由于长期处于本国文化浸润的状态，人们已经适应本国的文化，对本国的思维方式、行为准则持认可态度，这种无意识的行为反映在跨文化交际的过程中，就是交际者双方都会产生一种本国的认同感和归属感，从内心深处生出一种优越性。

在跨文化交际中容易出现交际双方交流不畅、观点不同的情况，一开始人们都会倾向性地认为交际对方是错误的、不可接受的，同时在潜移默化中维护和捍卫本国的文化。每个国家的文化都有自己的闪光点，每个人都有权利为本国文化的这些闪光点感到自豪。但在跨文化交际的过程中，切不可产生文化优劣论，不能浅显地认为自己国家的文化是高人一等的、无与伦比的，而交际对方的文化是劣等的、不值一提的。不能以自己国家文化为出发点展开交际，也不要轻易否定其他国家的行为和文化，因为这种狭隘的文化优越感会阻碍跨文化交际的顺利进行。

（二）差异性

差异性是跨文化交际的另一个显著特征。跨文化交际是不同文化背景的人们之间的交往。跨文化交际既涉及行为方式和习俗方面（如肢体语言、传统节日）的差异，也涉及深层文化（如传统价值观、宗教信仰）的差异，甚至还包括个人身份和社会角色方面（如年龄、性别、职业）的差异。一般情况下，这些存在差异的因素会相互作用，直接影响跨文化交流的过程和结果。

（三）冲突性

有差异性，就有可能引发冲突。冲突性也是跨文化交际的特征之一。尤其在跨文化交际的初始阶段，由于语言、非语言行为、交际风格、思维模式等方面的差异，交际双方很容易产生冲突。不要因此害怕跨文化交际，因为这些冲突大部分是“善意的冲突”。这些“冲突”来自人们美好的愿望，而不是恶意的动机。很多时候交际者发现在本国文化中被认为是礼貌得体的行为在另一个国家的文化中却不被理解，甚至被当作无礼的举动，善意的想法和举动却产生了意想不到的误解，这并非他们的本意。

（四）挑战性

跨文化交际是一种挑战性的活动。首先，开展跨文化交际需要掌握和了

解除母语外的另一种语言和文化，这本身就是一件具有挑战性的学习活动；其次，在真实的跨文化交际实践中，经常会出现误解、失败甚至冲突，所以跨文化交际不是一项简单的活动。参加跨文化交际活动其实有很多益处：它能给人们带来开阔的视野、丰富的阅历，使人与人相处时的适应能力和交往能力更强；在面对差异时会更加宽容，整个人会变得更加成熟和独立。

（五）情感特征

在跨文化交际的过程中，人们往往会产生情感上的强烈反应。人们参与跨文化交际经常会感到紧张、焦虑。这种紧张的情绪来源于对交际对方的不了解和对交际过程、结果的不确定。人们之前提到的“文化休克”就是形容在跨文化交际的过程中产生的类似心理反应。

三、跨文化交际的影响因素

在跨文化交际的过程中，能与交际对象进行无障碍的交流是交际者最大的愿望，现实中这种想法很难实现，因为绝大多数人交际的有效性和适宜性都受到多种因素的影响。下面列举几种较为常见的影响因素。

（一）语言的局限性

语言问题是阻碍交际双方顺畅交流的首要问题。即使交际双方使用同一种语言，对语言系统本身的不够了解和语言中涉及的文化问题仍然存在，并会给交际造成各种障碍。语言系统中的问题包括发音不标准、语义不清、词汇缺失等，语言中的文化问题包括词语中的文化概念不对等、文化联想差异等。

（二）思维方式的差异

由于各国的文化环境不同，使用的语言不同，导致跨文化交际双方的思维方式不同。文化环境的主要构成因素有语言文字、哲学思想、生产方式、历史传统等。其中，语言是感知和认识世界的重要手段，语言能体现思维方式。思维方式的差异导致交际双方看待事物的观点不同，进而使处理事情的方法和思路也会不同。

（三）交际风格的差异

交际风格是指在交际过程中，人们传递和接收信息时喜欢或习惯采用的方式。如图 6-3 所示，中国和西方国家交际风格分别呈现出各自的特点。

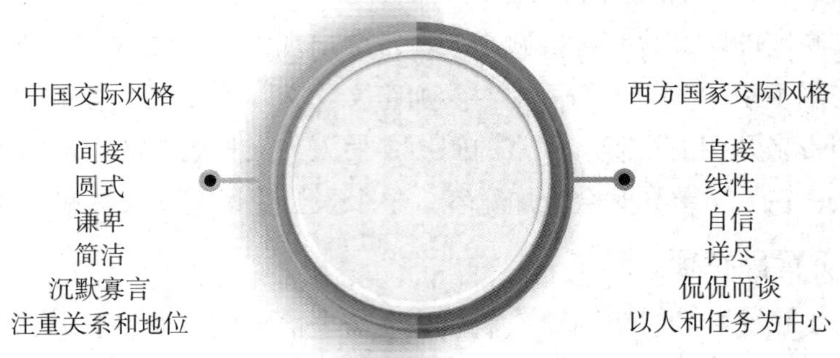

图 6-3　中西方交际风格对比

通常情况下，中国人在谈话中习惯表现得十分谦卑，认为言多必失，沉默是金；且中国人对交谈双方的地位关系十分敏感，认为人际交往的主要目的就是促进彼此之间的关系。西方人则喜欢展示自己的自信，喜欢就事论事，会为了解决问题与对方展开详尽的交谈，不太注重社会文化因素和人际关系对谈话结果的影响。

（四）价值观的差异

价值观就是价值观念，包括认知模式、行为准则、道德标准等。价值观是精神文明的重要组成因素，与交际活动有着密切的关系，我们能够通过言语行为和非言语行为发现价值观。例如，中国人喜欢委婉地表达自己的观点，不像美国人那样直截了当，是因为中国人习惯照顾他人的情绪和看法，害怕伤害他人。这反映出中国人在人际关系中讲究“以和为贵”的价值取向；中国人倡导安居乐业和安分守己，喜欢过稳定的生活，而美国人多追求永不停顿的变化和创新，总是不会满足他们所取得的成就。

四、跨文化交际模式

国内外的很多学者针对跨文化交际的性质、过程、特征等提出了各种模式。其中研究跨文化交流与国际传播学的中国学者关世杰，结合自己对传播学中交流模式的理解，提出了跨文化交际的过程模式。他将跨文化交际的过程分为编码、通过渠道传递和解码三个阶段，但是编码和解码在不同的文化中进行，如在母语文化中编码，在目的语文化中解码。根据关世杰对跨文化交际过程模式的阐释，母语文化的输出者按照本民族文化的程序和码本对信息进行编码，然后通过一些特定渠道将信息传送给目的语文化接收者，目的语文化接收者按照目的语文化的程序和码本解码收到的信息。[①]

不同国家文化之间，既有共同之处也存在较大差异，因而目的语文化背景下解码后得到的信息与母语文化背景下的信息意义既有重合也有变化。目的语文化接收者基于自己对信息的理解形成意向，然后根据目的语文化码本和程序将意向编码，反馈给母语文化的输出者。由此可以看出，跨文化交际的过程是一个循环往复的过程，信息的发送和接收不断开展，交际双方互为信息的发送方和接收方。由于关世杰所提出的跨文化交际模式是依据传播学理论建构的，因而更加强调跨文化交际的过程，并没有考虑影响跨文化交际的因素以及交际的最终结果。

与中国学者关世杰不同的是，美国学者卡力·多德（Carly H. Dodd）提出的跨文化交际模式是从文化学者的角度出发，分析了跨文化交际的过程。多德将“感知文化差异”的概念作为重要的影响因素引入跨文化交际的研究中。多德认为，有效的跨文化交际是因为交际双方掌握了“感知文化差异”这一能力，从而帮助他们适应了在交际过程中可能出现的“不确定性”和“紧张感”。[②] 在跨文化交际模式中，他拓展了“感知文化差异”的概念和假设，并提出了“第三种文化”（C 文化）的概念，为跨文化交际的开展奠定了基础。除此之外，多德还提出了有效的跨文化交际应该达到的效果。

分析多德提出的跨文化交际模式可以看出，文化并不是造成交际双方差异、影响交际效果的唯一因素，交际双方的性格和与他人相处的模式也会影响交际过程和交际效果。由于交际双方能感知到文化差异的存在，所以在跨文化交际的过程中既要认识到交际双方的文化共性，也不能忽视双方的文化差异。文化共性是开展跨文化交际的基础与前提，文化差异则容易让交际双方产生不确定性和紧张感。

在这种情况下，如果交际双方采用了不恰当的交际策略，如对对方文化采取怀疑、不尊重甚至敌对、打压的态度，就很容易导致交际的失败；如果交际双方改变交际策略，以平等、开放、包容的心态面对对方的文化，就有利于建立一种基于交际双方共同文化特性的“第三种文化”。“第三种文化”

① 关世杰．跨文化交流学 [J]. 国际政治研究，1995（04）：98.

② 付岳梅，刘强，应世潮．跨文化交际的界定和模式 [J]. 沈阳建筑大学学报（社会科学版），2011，13（04）：491-494.

的建立使交际双方能够在一定条件下选择合理的交际策略，并利用相关交际文化和技能取得较好的交际效果。

综上所述，不同领域的研究学者对跨文化交际的模式有着不同的看法，每一种模式都是研究跨文化交际的新视角，为我们研究跨文化交际的过程、策略、能力评定以及结果评价提供了参考。

第二节　跨文化交际意识与能力

一、跨文化交际意识的内涵

意识引领人类的行为活动，具有不同语言文化背景的交际双方只有树立跨文化交际的意识，才能依据交际规则，理解交际对方的行为，从而顺利开展交际，并取得良好的交际效果。由于不同国家文化之间存在明显差异，不同交际个体之间也存在年龄、性格、职业、爱好等方面的差异，因此交际双方在跨文化交际过程中会遇到很多问题和障碍。跨文化交际意识承认文化的多样性和不同文化之间的平等关系，并主张交际双方能够彼此尊重、相互包容。可见，树立跨文化交际意识有助于当今世界不同文化之间的和谐共处、共同发展。

在跨文化交际的过程中，跨文化交际意识主要体现在认知上，即对交际双方的思维产生作用，这种认知将对个体的行为、活动产生重要的指导意义。此外，跨文化交际意识具有文化性，因此交际双方要对本国文化与他国的文化有所了解，进而提升跨文化交际意识。跨文化交际意识包含三个方面的内容，如图 6-4 所示。

图 6-4　跨文化交际意识的主要内容

其中，理解文化差异就是理解世界各国、各地区之间存在不同文化，且不同文化之间存在差异的现实；接受文化差异就是在理解的基础上能以平等的心态接受文化差异存在的现实；处理文化差异就是在跨文化交际的过程中处理因为文化差异造成的交际障碍和冲突，从而实现交际的目的。

二、跨文化交际意识的培养

跨文化交际意识的培养对于发展学生的英语综合素质和英语应用能力来说有着重要的现实意义，下面我们就从跨文化交际意识的培养目标、培养内容、培养层次与培养步骤四个方面讨论如何培养学生的跨文化交际意识。

（一）跨文化交际意识的培养目标

跨文化交际意识的培养目标包括以下五个方面的内容。

一是使学习者具备获取目的语语言与文化信息的能力。

二是使学习者具备较好的文化感知能力与文化理解能力。

三是使学习者具备对目的语文化进行客观评价的能力。

四是使学习者具备深入学习和研究目的语语言与文化知识的能力。

五是使学习者在跨文化交际的实践过程中具备正确的文化意识。

（二）跨文化交际意识的培养内容

跨文化交际意识的培养是一个循序渐进的过程，在培养的过程中，高校英语教师应注意传授以下六个方面的基本内容。

一是目的语文化词语、短语、习语、谚语的表达。

二是目的语文学典故、重大历史事件、人物方面的知识。

三是目的语文化中的思维方式、价值观念、伦理道德等方面的知识。

四是目的语文化中的典型节日、假日的风俗习惯。

五是目的语文化中的基本社交礼仪和社交规范。

六是目的语文化中的非言语交际，如面部表情、手势动作等表示的含义。

（三）跨文化交际意识的培养层次

跨文化交际意识的培养可以分为四个层次，即旅游者心态、文化休克、理性分析与愿意适应、主动了解和自觉适应。

1. 旅游者心态

学习者在形成跨文化交际意识的初级阶段，会产生旅游者心态。旅游者心态的显著特征就是学习者会根据自身所具有的文化知识储备来观察和分析其他国家的文化，因此他们对文化现象或文化实物的认知和理解只停留在表面阶段，更不能理解不同文化现象或文化实物之间的内在联系。学习者在旅游者心态这一层次容易产生模式化的文化认知，将观察到的个别文化现象当作该国的普遍文化现象，并认为这就是该国的特点和本质。例如，与大部分西方人的面部特征相比，东方人的眼睛在五官中所占比例较小，因此，很多西方人就会认为所有东方人的眼睛都比较小，这就是东方人的面部特征。但事实并非如此，东方人中也有很多眼睛在整个面部占比较大的人，西方人中也会有眼睛不大的人。

2. 文化休克

学习者在跨文化交际的实践过程中开始接触其他国家的文化时，由于不了解对方文化并且不能适应对方的文化形式，就会在实践中产生交际误解或文化冲突的行为。部分学习者在面对这些误解和冲突时会选择逃避或反抗，从而进入一种文化休克的状态。在这种状态下，学习者无法开展正常的交际活动，甚至会对跨文化交际行为产生抗拒心理。

3. 理性分析与愿意适应

在经过一段时间的文化休克状态后，学习者通过学习掌握了更多目的语文化的知识，同时交际次数的增多也使学习者熟悉了交际环境，慢慢理解和接受了目的语文化，这时学习者就有能力客观地看待目的语文化，并从主观

上愿意适应目的语文化。

4. 主动了解和自觉适应

这一阶段学习者在以往文化知识积累的基础上开始对目的语文化产生兴趣，因而愿意主动了解和自觉适应目的语文化形式，并愿意花费更多的时间和精力探索和发掘造成特定文化现象的原因，也就是对目的语文化背后的思维方式、价值体系、观念文化等进行深入研究。这一阶段是培养跨文化交际意识的较高层次，学习者已经能克服初期阶段对目的语文化的排斥和恐慌心理，并且愿意改变自己固有的文化看法和文化意识，主动适应和接受新的文化形式。

（四）跨文化交际意识的培养步骤

基于以上对跨文化交际意识培养四个层次的分析，结合跨文化交际意识的研究成果，笔者认为跨文化交际意识的培养步骤可分为以下五步。

一是尊重目的语文化现象和事物。

二是理解目的语文化现象和事物，并相信这些现象或事物的存在是合理的，是有文化渊源的。

三是积极参与目的语文化的学习，尝试与目的语文化背景下的人进行交际。

四是愿意调整自己的认识和行为，学会理解并主动适应新的交际环境或文化环境。

五是最终达到适应目的语文化环境和交际行为的水平。

三、跨文化交际能力的内涵与组成

（一）跨文化交际能力的内涵

跨文化交际能力是指处理跨文化交际实践过程中出现的各种文化问题，如处理文化差异、文化意识、文化态度、文化情感等问题的能力。在实际的跨文化交际活动中，跨文化交际能力表现在交际的得体性和有效性方面。

首先，交际的得体性是指跨文化交际参与者的言行符合目的语文化的价值观念、行为模式和社会规范。其次，交际的有效性是指跨文化交际参与者能够实现自己的交际目标，达到交际的目的。总之，跨文化交际能力具有内在性，可以由参与者根据自己的观念意识进行知识输入、技巧输入，然后下达交际命令，完成交际行为。

（二）跨文化交际能力的组成

对于跨文化交际能力的构成因素，不同的学者提出了不同的看法。

1. 拜拉姆的看法

英国学者 M. 拜拉姆等人从社会文化角度对跨文化交际能力的构成因素进行了研究与探讨，并提出跨文化交际能力应包含以下三个方面的内容。

（1）态度。态度是跨文化交际能力的重要组成部分，态度指的是交际活动参与者对交际另一方语言文化的看法，尤其体现在对对方文化与自身文化不同之处的看法。在跨文化交际的实践过程中，交际参与者应该以积极的态度参加交际活动，同时愿意以开放、包容的心态认识和接触对方的文化。

（2）知识。知识是跨文化交际能力中不可缺少的组成部分，此处的知识既包括交际双方各自国家与民族背后的社会文化知识，也包括在交际实践中符合双方交际规则与控制交际正常进行的知识。

（3）技能。跨文化交际能力中的技能也由两部分内容组成：一部分是指理解对方文化并与对方文化建立关系的技能；另一部分是指发现新的信息并使用到交际过程中的技能。[①]

2. 金荣渊的看法

美国学者金荣渊（Young Yun Kim）是研究跨文化交际的杰出学者，她运用社会心理学和应用语言学的知识将影响跨文化交际能力的因素总结成三个方面的内容，即认知因素、情感因素和行为因素，如图 6-5 示。

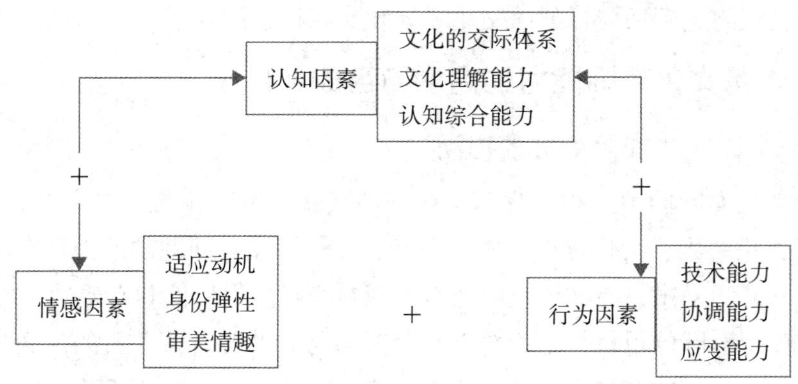

图 6-5　金荣渊的跨文化交际能力构成因素关系图

① 拜拉姆 . 跨文化交际能力的教学与评估 [M]. 吴雪颖，导读 . 上海：上海外语教育出版社，2014：30-40.

在图 6-5 中，金荣渊阐述了三个构成因素包含的不同方面的能力要点，图中的箭头和加号表示这三个因素之间相互作用的关系，每一个因素的变化都会影响其他因素。[①] 结合交际实践分析就是，当跨文化交际参与者的交际认知能力提升后，他本人就会掌握较多的交际知识，就会更有信心参与交际活动，因此其参与交际活动的次数就会呈上升趋势；而参加交际活动的行为又会为参与者增加交际经验，从而使参与者学到更多的交际知识，如此反复进行，最终形成一个良性的循环模式。

3. 朱迪斯和托马斯的看法

学者朱迪斯·马丁（Judith Martin）和托马斯·K. 中山（Thomas K. Nakayama）在《语境中的跨文化交际》一书中提出跨文化交际能力的四种组成因素，即知识因素、情感因素、心智活动特征和情境特征。[②] 朱迪斯和托马斯提出的跨文化交际能力模式如图 6-6 所示。

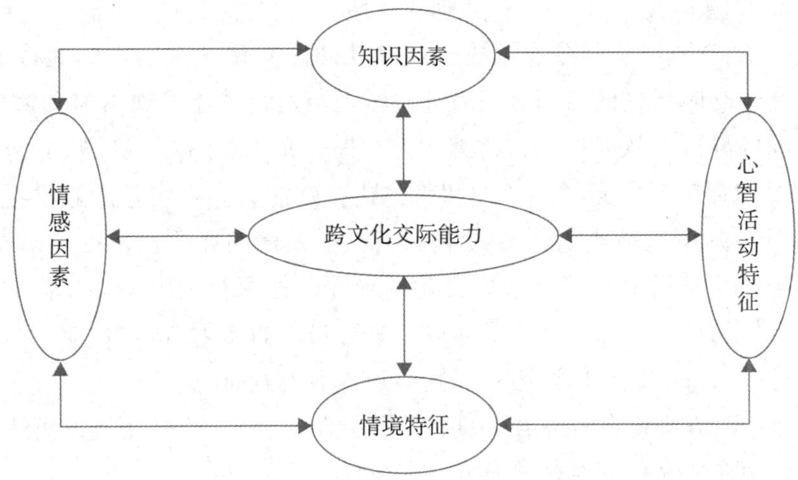

图 6-6　朱迪斯和托马斯的跨文化交际能力模式

在这四种组成因素中，知识因素包括文化价值观、认知的简化、言语与非言语文本以及对民族中心主义的认识，情感因素包括文化回避、文化拒

① 金荣渊 . 戴晓东导读 . 外教社跨文化交际丛书 跨文化能力交际与跨文化适应的综合理论 [M]. 上海：上海外语教育出版社，2014：30-40.

② MARTIN J N, NAKAYAMA T K. Intercultural communication in contexts[M]. New York：McGraw-Hill Education, 2003：143.

绝、文化焦虑以及参与跨文化交际的主动性，情境特征包括交际过程中的提前接触、交际地位差异、交际环境和来自外界的干扰等内容，心智活动特征包括言语与非言语的表现以及交际过程中的角色扮演等内容。这四种因素之间也存在相互影响的关系。例如，知识因素和情感因素相互支持，交际双方掌握的知识越丰富，其参与跨文化交际活动的积极性就越强，交际压力就越小；心智活动特征是知识因素和情感因素的体现。

第三节　高校学生跨文化交际能力的培养

一、对比法

不同的国家或地区，由于在地域环境、气候条件、政治制度、历史背景、生产方式等方面存在的差异，导致其群体文化呈现出不同的特征。因此，跨文化交际活动的参与者只有通过学习与对比才能发现本国文化与他国文化之间的异同，从而培养文化感知力和提高文化敏感度，加深对不同国家文化内涵的理解，提高文化意识和跨文化交际能力。在实际的教学过程中，高校英语教师可以适当引入对英语国家风土人情的介绍，发掘英语特色文化，引导学生通过对比了解双方文化的异同，加深对英语国家文化的印象，并培养得体的社会交际规则。具体可以进行对比的文化内容如下。

一是中西方文化在称谓语、问候语和告别语方面的差异。

二是中西方文化在体态语，如手势与表情、交谈时身体距离方面的差异。

三是中西方文化面对赞美时的一般反应。

四是中西方文化在待人接物、社交礼仪方面的差异。

五是中西方文化在思维方式与价值观念方面的差异。

接下来我们以称谓语为例对比中西方文化的异同。

（一）中西方亲属称谓语文化对比

1. 宗族观念

中国人在儒家思想的影响下对血缘关系十分看重，并且在此基础上形成了强烈的宗族意识。这一点我们从汉语亲属称谓语中也能发现，即使是对同辈亲属的称呼语，也会因为父系和母系的区别而产生差异。例如，父亲的姐妹是“大姑”“小姑”“姑姑”等，母亲的姐妹是“大姨”“小姨”“姨母”等。

西方国家的文化并不强调宗族观念，这主要是因为西方国家崇尚自由主义、个人意识，不推崇家族观念。这一点也能从亲属称谓语中看出来。例如，“uncle”“aunt”这些词都是比较模糊的表达，很难体现出长幼顺序，由此可见他们对宗族观念不太重视。

2. 长幼尊卑

汉语人称称谓中的辈分差异是很明显的，称谓语会随着辈分的变化而发生改变。例如，父、母、子、女、嫂、媳、祖、孙、叔、伯等称谓都体现出辈分的差别。除此之外，在汉语文化中，长辈对晚辈可以直呼其名，但晚辈不能直接叫长辈的名字，这会被视为不尊重长辈。

在英语文化中，人称称谓上的长幼尊卑感不是很强，这主要体现在英语的亲属称谓语是比较简单的，一般只有在表示祖孙三代的差异时才与汉语亲属称谓语互相对应。

3. 称谓系统

汉语和英语两者称谓系统的差异主要体现在汉语称谓系统的叙述式特征和英语称谓系统的分类式特征上。汉语称谓系统是叙述式的模式，分类比较详细。这是以汉语文化中特有的“九族五服制”为基础的，这一系统既包含血缘关系的系统，也包含没有血缘关系的系统，也就是对父系与母系、直系与旁系进行了严格的区分。与汉语称谓系统相比，英语称谓系统更加简单，主要包括以下五种。

一是父母辈系统。

二是兄弟姐妹辈系统。

三是子女辈系统。

四是祖父母系统。

五是孙儿孙女辈系统。

4. 尊称方式

从尊称方式的角度进行分析，英语称谓语的尊称意识远远没有汉语称谓语的尊称意识强。这主要是因为在汉语文化中，尊重长辈被认为是一种传统美德，这一点体现在称谓语中就是人们称呼长辈时会带有敬意的文化因素，如张叔叔、王阿姨、赵奶奶等。而西方文化更崇尚自由平等，他们认为不同亲属关系、不同辈分之间相处应该像朋友一样自然随意。基于这种认知，英语中会把称谓语与姓氏连接在一起。例如：

Uncle Smith——史密斯叔叔

Aunt Judy——朱迪婶婶

5. 血亲姻亲

汉英称谓语文化对血亲姻亲关系有着不同的反映程度，其中汉语称谓语对这种关系的反映较为明显，英语称谓语对这种关系的反映不是特别明显。汉语称谓语在血亲姻亲关系上表现明显，构成了家庭这一基本的社会单位。在构成家庭之前，夫妻双方都有自己的家庭血缘系统，在二人结为夫妻后又产生了新的姻缘系统。但是二者的差异还是很明显的，如哥哥、弟弟、姐姐、妹妹属于血缘亲属称谓，嫂子、弟妹、姐夫、妹夫属于姻缘亲属称谓。但在英语称谓语中，这种血亲姻亲关系体现得并不明显，这一点可以从“cousin”“uncle”这些英语表达中看出来。

（二）汉英社交称谓文化对比

中国的社交称谓复杂繁多，且体现出强烈的等级特征；而西方的社交称谓相对来说比较简单，等级性较弱。

1. 汉英关系称谓对比

（1）表示亲密关系。在汉语文化中，人们为了表示对对方的喜爱或者两人之间关系比较好、比较亲密，创造出一些表示亲密关系的称呼语。如对年龄较小的晚辈或者年轻人会以“小”字称呼：称呼幼儿“小宝贝”“小淘气”；再大一点的称为“小鬼”“小毛孩”；对成年的年轻人会在姓氏前加“小”字，如“小张”“小王”“小李”。英语中也有使用昵称表示亲昵关系的词语，但是不如汉语中多，如“honey”“sweetheart”“peanut”“dirty puppy”等。

（2）表示比较亲密的关系。在汉语文化中，表示较为亲密的关系称呼语包括老师、同学、老板、老乡、朋友等。这些词语常在两种情况下使用：一是表示称呼者与被称呼者之间的真实关系，如一名学生称呼他的老师为“老师”；二是称呼者表示对被称呼者的尊重，如一名学生家长称呼学生的老师为“老师”。在英语文化中，只有三个称呼语是比较重要的，即父亲、医生和老板。事实上，这三个词也不经常使用，尤其是“老板”一词。这反映了英语文化中对人们之间关系的态度是认为人与人之间是平等的。

2. 汉英交际称谓对比

在汉语中，用来交际的称呼语可分为两类。一类是在比较正式的场合使用，如“先生”“女士”“太太”“同志”“师傅”等，其中同志和师傅是中性的，男女通用。这些词语既可以单独使用，也可以放在姓氏、名字、头衔后使用，如我们可以称呼一位先生为“张先生”“纯良先生”“张纯良先生”或者“司机先生”。还有一类是为了拉近双方的交际距离，使双方的关系变得更加具体和特殊而使用的，这类词语借用了亲属关系里的称谓词，可以单独使用，也可以放在姓氏、名字、头衔后使用。如在问路时可以称呼一位年长的女士为“阿姨”，如果是熟识的人可以称为“张阿姨”；在医院，小朋友可以称呼护士为“护士姐姐”等。

在英语文化中用来交际的比较正式的称呼语有“Sir”“Madam”“Mr”“Miss”“Mrs”等。这些词的使用方法也各有特点。单词“Sir”“Madam”通常单独使用，来称呼陌生人；“Ms”“Mr”“Mrs”“Miss”常与人的姓氏连在一起使用，如“Mr John”“Miss Smith”，“Mr”也可以和官衔、军衔连在一起使用。这些称呼语在英语的交际场合里使用频繁。与汉语中对老师的称呼不同，英语文化中的老师常被称为“Mr”或“Mrs”。

3. 汉英头衔称谓对比

头衔可以被用作称谓语的包括官方头衔、职称头衔、学术头衔和军衔。汉语文化中所有的官衔都可以被用作称呼语。在中国的社会文化里，在称呼人时把他们的头衔喊出来，是为了显示对他们的社会地位的尊重，如张部长、王教授等。而在英语文化中，头衔用来充当称谓语的情况却比较少见，不是说社会地位在西方国家不重要，而是在一般情况下人们的思想是平等的。英语中的官方头衔有总理（prime minister）、大使（ambassador）、参议员（senator）、法官（judge）、牧师（pastor）、少校（major）等。

4. 汉英敬语称谓对比

敬语在很多国家和地区都是非常重要的礼貌用语，人们根据对方的年龄、辈分、地位或者与对方的亲疏关系选择适当的敬语称呼对方。很多西方国家在第二人称单数的使用上有正式和非正式的区别，类似于汉语中的“您”和“你”，如法语中的“vous”和“tu”。

（1）汉语文化中的敬称。在中国，对于职位、年龄、辈分比自己高的人，人们通常使用敬语。如学生对老师用“您”相称，儿童对老人用“您”相称，职员对上级领导用“您”相称等。汉语中对别人使用尊称的说法还有以下几种情况。

①称呼他人：仁兄、贤弟、贤侄等；

②称呼他人的亲人：令堂、令尊、令兄、令妹、令爱、令郎等；

③称呼他人的事物：高见、高论、高足、高寿、高龄、高就等。

中国人在对别人使用敬语的同时还会对自己使用谦辞，放低自己的身份，以表达自己的谦卑，这也体现了中国文化提倡谦虚的价值观。汉语中常见的谦词有以下几种。

①称呼自己：小弟、小生、小可、老朽、老身、敝人等；

②称呼自己的家人：家父、家尊、家母、家兄、家姐、舍弟、舍妹等；

③称呼自己的住处及与自己相关的事物：寒舍、敝处、敝姓、拙作、拙见等。

（2）英语文化中的敬称。对于很多欧洲人来说，亲疏距离是他们考虑是否使用敬语的重要因素。但在称呼社会职务人员或王室贵族时，人们也会使用一些敬称。例如：

Doctor Li——李医生 / 李博士

Captain Smith——史密斯上校

Professor John——约翰教授

Your Majesty——陛下

Your Grace——大人

二、氛围法

培养跨文化交际能力的氛围法是指高校英语教师要为学生创建接近真实的语言文化交际情境，结合语言教学，为学生提供创造性使用语言的机会，让学生在英语语言文化氛围中自由地表达他们的思想，组织他们的语言。例如，教师可以利用教材提供的话题让学生改编对话进行表演，使学生真切地感受到英语语言文化的特点和魅力。与此同时，教师还要引导学生注意影响交际效果的文化细节内容，提升对文化的敏感度。例如，问候、道谢、致歉等习语和委婉语、禁忌语的使用，尤其是在讲授委婉语与禁忌语的过程中，还可以结合对比法开展教学。

三、阅读法

此处用于跨文化交际能力提升的阅读法特指由著名语言教育家斯蒂芬·D. 克拉申（Stephen D. Krashen）提出的“窄式阅读法”。窄式阅读法是有利于目的语文化学习的阅读方法，其主要操作方法是引导语言文化的学习者集中阅读有关某一话题文化的多篇文章，通过阅读和理解文章中那些显性或隐性的文化信息，积累目的语文化知识，提高目的语文化意识，增强跨文化交际能力。克拉申认为，这种窄式阅读方法对目的语文化的学习与训练颇有成效，高校英语教师可以提前收集和整理出某一专题的文化内容资料供学生阅读，帮助学生在短时间内掌握某一文化专题的词汇、风格以及深层次的文化内涵。例如，学生要想了解西方国家女性意识的崛起与发展，就可以阅读英国著名女性文学家，如简·奥斯汀（Jane Austin）、勃朗特姐妹、盖斯凯尔夫人等人的文学作品，了解英语文化中女性主义思想的嬗变、发展历程及社会意义。

四、自我认知法

在跨文化交际活动中，人们常常关注交际对象的反应和信息，而忽略了自身的认知风格、情感态度等影响交际的因素，这种做法是不恰当的。为了使学习者认识自身对跨文化交际活动的重要性，促进跨文化交际活动的有效进行，英语教师可以使用自我认知法。自我认知法是培养高校学生跨文化交际能力的有效方法。自我认知法是指高校英语教师引导学生通过认识自我来了解自身的文化、情感等交际需求，从而提高跨文化交际能力的方法。具体来看，自我认知法需要教师引导学生了解自身关于以下几个方面的内容。

（一）了解自身的民族文化

人们在参与跨文化交际活动的初级阶段会无意识地使用本国文化的价值观念、行为标准以及交际规范来衡量对方的言行举止。因此，了解自身文化的特点和代表性观点，有助于提升跨文化交际能力。

（二）了解自身的情感态度

人们参与跨文化交际活动时的态度对交际活动的正常开展影响重大，因为人们在与不同文化背景下的人进行沟通时，往往会有一种被预先印象或文化定式所影响的情感态度。这些交际前的态度给交际活动参与者戴上了有色眼镜，使其不能如实地评价对方交际行为给自己带来的感受，甚至产生误解。如果交际者能提前意识到这一点，就能在很大程度上克服先入为主的消极情绪，从而减少负面情绪对交际的影响，体验跨文化交际活动带给自己的真实感受。

（三）了解自身的交际风格

交际风格是指交际活动参与者在交际过程中喜欢采用什么样的交际形式、交际渠道来开展交际，如对答交际形式、辩论交际形式、言语渠道或非言语渠道等；以及交际活动参与者赋予信息的情感内容和真实内容，希望交际对象参与交际的程度。人们在交际活动中会通过观察了解对方的交际风格，却很少关注自己的交际风格。如果交际活动参与者认为自己是一个内向型、敏感型的人，而交际对象却认为他是开放型的交际风格，那么他们的交际活动就很有可能会出现问题。

（四）学会自我观察

自我观察是人们了解自己交际风格和交流态度等交际行为的有效方法。一般交际对象不会告诉我们在他们眼中，我们的交际风格如何，表达方式如何，有什么缺点。因此，我们需要自己根据交际对象的反应来判断、总结自己的交际风格，认识自己的不足，多使用有效的交际策略，避免使用失败的交际策略，在交际实践中提高自己的交际能力，改善自己的交际风格。

第七章　多元文化视域下的高校英语教师的发展

第一节　高校英语教师的角色定位

一、高校英语教师的普遍角色定位

高校英语教学具有独特的学习方法和实践体系，高校英语教师在开展教学活动的过程中需要从英语学科的具体特点出发，研究在教学中如何培养学生学习英语语言和文化的兴趣，提高学生的英语语言综合运用能力，这就要求教师必须承担以下与教学相关的多重角色。

（一）英语语言知识的引导者

高校英语教师是英语语言知识的引介者和诠释者，因此自身要具有专业、正确的英语语言知识储备。也就是说，高校英语教师必须掌握系统的专业知识体系，并且能科学地分析各种英语语言现象。根据对教师教育的研究可以发现，教师需要掌握与英语专业相关的各种语音知识、语法知识、词汇知识等语言应用知识，还需要掌握其他与教育教学相关的理论知识、实践知识。高校英语教师需要掌握的知识主要有以下几个方面。

第一，高校英语教师需要掌握英语语言基础及应用知识，主要包括英语语音知识、英语词汇知识、英语语法知识、英语阅读知识以及英语写作知识。

第二，高校英语教师需要掌握全面的知识结构体系，包括综合文化知识、英语专业知识、教育学科知识以及社会实践知识等。教师不仅是教育者，也是学习者。在当今信息时代下，随着社会日新月异地发展，知识更新的速度也越来越快，不断考验着英语教师的学习能力。

第三，高校英语教师需要掌握与教育教学相关的学科知识，包括语言学、认知学、心理学、教育学、社会学等多种类型的学科知识。这些都是英语教师在学习生活、专业教育、教学实践中逐渐形成的关于英语学习和英语教学的知识。它们构成了教师潜在的语言观、语言学习观和语言教学观，影响着教师每一个具体的教学行为，指导教学顺利、有效地进行。具体来说，英语教师关于英语的学科知识影响着其对语言理论、语言教学、课程设置及对教学内容、教学重点、师生角色、课堂活动、教学资源使用的理解等。而针对我国英语教学的特殊性，高校英语教师具备的学科知识旨在解决英语教学中的几个核心思想，即语言的本质、语言学习的特点、外语学习与母语学习的本质区别以及影响中国人外语学习的重要因素。英语教师只有掌握了这些知识，才能对教学过程中的语言材料、语言现象进行合理、清晰的阐述与分析，才能回答学生在学习过程中遇到的各种语言问题，帮助学生理解英语并实现正确的应用。由此可见，英语教师是学生英语语言知识学习的引导者。

（二）英语语言技能的培训者

高校英语教师不仅是英语语言的引介者和诠释者，更是学生英语语言技能的培训者。英语语言技能的培训包括听力、口语表达、阅读、写作和翻译五个方面。实践证明，这五种能力的培养和提升有利于激发学生学习英语的兴趣，提高学生的自信心，也有助于教学质量的提升。从学生的角度来看，对语言知识的学习是掌握一门语言的前提和基础，但对语言技能的学习能提高自己的语言应用能力，进而实现自己学习英语的最终目标。

1. 听力技能培训的内容

（1）辨别音素。

（2）辨别重音。

（3）辨别语调。

（4）听对话时理解话语的真实含义和对话内容。

（5）听文章或新闻报道时理解语篇的主题或大致含义。

（6）听演讲或报告时领会说话人的观点、态度和意图。

2. 口语表达技能培训的内容

（1）发音和语调都十分标准。

（2）不仅能用英语回答他人的问题，还能用英语发问。

（3）在听到或看到一个故事之后，可以大致复述故事的内容。

（4）可以就日常生活、学习、工作话题展开对话。

（5）可以就日常话题进行口头作文或发表评论。

（6）可以发表即兴的、简短的演讲或讲话。

3. 阅读技能培训的内容

（1）理解文章的主题或中心思想。

（2）通过大致浏览能明白文章大意。

（3）快速阅读查找特定信息。

（4）仔细阅读辨别关键细节。

（5）区分客观事实和主观看法。

（6）根据上下文语境推测不认识的单词或短语的含义。

（7）理解复杂句子的内部关系。

（8）推测文章后续。

（9）给文章做结论。

4. 写作技能培训的内容

（1）写出正确的句子。

（2）写出表述合理、逻辑顺畅的段落。

（3）写出各类短文和文章，如描写文、叙事文、说明文、应用文。

5. 翻译技能培训的内容

（1）能进行简单的口译和笔译。

（2）灵活运用各种翻译方法，如校对、自译、意译、直译、增译、背译、音译。

（三）英语课堂活动的组织者

在开展高校英语教学活动的过程中，课堂活动是不可缺少的教学形式。可以说，课堂活动是课堂教学的载体，开展科学合理的课堂活动有助于提高教学质量，激发学生学习英语的兴趣。如上文所述，英语是一门传授语言知识和技能的特殊学科，因而具有区别于其他学科的不同特征，例如，英语教师需要通过组织和开展形式多样、内容丰富的课堂活动对学生的英语语言技能进行培养和训练，因此说英语教师是英语课堂活动的组织者。

（四）英语语言教学的研究者

高校英语教师除了要承担语言教学的任务之外，还要承担英语学科教学研究的任务。教师要在掌握一定语言学理论和教育学理论的基础上，根据自己通过教学实践积累起来的教学经验，构建自己的教学理念，并运用这一理念指导实践活动，提高教学水平。与此同时，教师在日常的教学实践过程中，还需要进行教学理论的研究，将理论研究与实践活动相结合，实现从理论到实践的转变和对理论的升华。

二、多元文化视域下高校英语教师的角色发展

（一）学生成长的关怀者

关怀是人的一种基本需求，它能促进人在交际过程中行为模式的转变。关怀在教育环境中不一定是可见的，但它能指导教育工作者如何组织教学并促进学生的成长。在多元文化的影响下，高校英语教师要给予来自不同语言和文化背景下的学生以同等的关怀，应配合学校、教育管理部门创设一个最大程度上体现社会公平的教育制度，把学生的学业需要、成长需要和情感需要当作教学任务的中心。致力于多元文化教育的教师还要从关怀者的角度出发，对来自不同语言、不同文化背景的学生给予没有差别的期望，使学生感受到教师的关怀和期待，进而对自身能力产生信心，对学习产生信心，同时学生在关怀的环境下会成长为一个关心他人、理解他人的人，从而更好地促进自身接受和融入不同的文化社会。

高校英语教师要成为学生成长的关怀者，首先要学会倾听和观察。倾听学生的心声，观察学生的言行举止、情绪变化，才能全面了解学生的成长状态，才能及时发现问题、解决问题，进而与学生建立起相互信任的关系。教师应当以倾听者、引导者的身份了解学生，可以通过电话、家访、书信留言、师生对话等方式关怀学生，让学生体会到自己的良苦用心。教师的关怀与信任能够激发学生的自信心和求知欲，使学生对自己的学习和前途都充满自信。

如果不倾听、不观察、不交流，教师就无法正确理解学生的真正需求，甚至会误解学生的意思，不能给予适当的关怀。因此，教师必须时刻反省自

身的关怀是否到位，自己的倾听和观察是否到位。教师要注意倾听和观察学生的需求和兴趣，留意学生的思想情感变化，理解学生之间的相处模式。只有建立在倾听和观察基础上的关怀才能发挥其真正作用，学生才愿意相信教师是真心为了自己的成长和发展。教师还应将自己对学生的关怀和期待落实在自己的每一句话、每一个行为上，让学生感受到教师给予的充分尊重。据此，学生才更容易成长为一个愿意关怀他人并不求回报的人。

（二）学生潜势的激发者

教师与学生之间是教与学的关系，因而教学过程也被看作一种关系过程。在这一关系过程中，高校英语教师是一个能使学生用目的语表达自我、参与跨文化交际的引导性角色。而语言是个体的一种潜势，又称意义潜势。英语教师的责任与义务就是激发学生的意义潜势，帮助学生掌握目的语语言知识和技能，同时培养学生的跨文化交际能力和文化意识。

教学过程除了被看作一种关系过程之外，还被看成一种活动过程。在教学活动过程中，教师和学生是主要的参与者，教师还是这一活动的组织者与管理者，就像不同的角色头衔一般，教师在教学活动中发挥的作用也是不同的。例如，教师可以是控制者，控制学生的学习行为和学习过程，学生只能被动地学习和掌握教师所传授的他认为重要的语言知识和技能；教师也可以是训练者，让学生根据学习目标开展活动、练习技能；教师还可以是答疑解惑者，当学生在学习过程中遇到不能解决的问题或疑问时，教师可以及时引导学生解决问题。

通过分析以上几种师生关系模式可以看出，在教学活动中，教师的作用越来越趋于背景化，学生的作用越来越中心化，学生逐渐成为教学活动的主角和中心。结合多元文化的背景，高校英语教师需要成为学生潜势的激发者。学生的语言学习潜势、语言技能潜势和语言应用潜势都需要教师进行发掘。

（三）多元文化的驾驭者

高校英语教师是多元文化知识的传授者，是多元文化理念的传播者，因此应具备驾驭多元文化知识的能力。英语教师驾驭多元文化知识的能力直接影响英语文化课程实施的质量和学生的学习热情。英语教师只有具备专业的多元文化知识储备和教学能力，才能带动学生积极参与英语文化教学的课堂中来，才能游刃有余地为学生讲授相关知识、传授相关技能，成为多元文化的驾驭者。英语教师要成为多元文化的驾驭者，除了要掌握扎实的多元文化知识外，还要具备多元文化教育观。

随着全球一体化和文化多元化进程的加快，各种文化之间的沟通与交流也逐渐增多。人们在文化交流的过程中，难免会出现一些矛盾与误解，此时增进不同文化之间的理解与融合就显得至关重要。多元文化教育观强调反对种族主义、性别偏见和一切形式的文化歧视，这样有助于促进文化之间的沟通与理解。在开展高校英语文化教学的过程中，英语教师需要树立多元文化教育观念，破除种族、性别、民族之间的偏见，强调不同文化之间的共同之处。与此同时，在不同语言文化背景中的学生学习英语文化时，英语教师要根据学生的语言文化特色开展教学活动，以促进教师和学生之间的交流，保存珍贵的语言财富。

（四）本土英语文化的传授者

高校英语教师不仅要对英语国家民族中英语文化的体现和使用有所了解，还要对本土的英语文化知识有所了解。伴随着英语学习的普及和西方文化的传播，我们可以发现学生的日常生活中有很多与英语语言文化相关的话题，如欧美影视剧作品，欧美品牌的化妆品、服装、饰品、家电，欧美地区的篮球、足球文化等，种类繁多，影响深远。英语教师可以从这些学生感兴趣的话题入手，在课堂教学中融入这部分文化知识，与学生讨论这些本土英语文化知识的发展与传播，讨论这些文化中蕴含的价值观、思维方式、行为规范，鼓励学生发表自己的看法。英语教师也可以就此类话题让学生分组，并在课前收集、整理资料，然后在课上与大家分享、讨论，这样不仅能拓展课堂教学的内容，还有利于构建良好的师生关系。

除此之外，高校英语教师应该比其他人具有更加敏感的本土英语文化感知度，更加注重保护和发展本土英语文化的价值，并懂得如何发现和研究所处社区的本土英语文化。在高校英语教学过程中，英语教师应该尊重学生在本土社会获得的英语知识文化，并且不否定本土英语知识文化的独特价值。英语教师还要引导学生比较本土英语文化与教材英语文化两种知识文化体系的异同，理解它们与各自赖以生存的社会环境之间的关联，促使学生将各种知识和认知联系在一起，进而创造出学习英语知识文化的新方式，构建出属于自己的英语知识文化体系。

（五）多元文化教学环境的创建者

高校英语多元文化教学的开展需要学校和教师联合为学生创建多元文化的教学环境，换句话说，在学校和教室内创建多元文化的教学环境有利于促进高校英语文化教学活动的开展。在这之中，英语教师发挥的作用不能忽视。在多元文化教学环境的创建过程中，首先，英语教师应根据教学大纲对文化教学部分的要求，选择部分适合学生理解和接受的文化内容，以板报、图像、宣传语等形式将这些内容呈现出来，帮助学生理解；其次，英语教师可以组织以多元文化为主题的英语阅读活动、演讲活动、表演活动等，使学生在积累英语语言知识、练习英语语言技能的同时，掌握英语语言文化知识，锻炼英语综合应用能力；最后，英语教师还要致力于经营师生关系，建立师生信任。师生间的人际关系也是影响学生英语成绩和多元文化教学环境创建的主要因素之一。疏离的人际关系不利于英语教师了解学生的看法，而英语教师在创建多元文化教学环境的过程中需要了解学生的文化价值观和文化学习需求。只有了解学生的观点和需求，才能创建出更容易被学生理解的教学环境。

第二节　高校英语教师的专业素养

一、高校英语教师的普遍专业素养

（一）高校英语教师的职业道德素养

高校英语教师的职业道德是所有教师都必须具备的基本行为操守和道德品行，是教师在教学过程中调控与国家、社会、学生之间关系应该遵循的道德意识、道德规范和道德情操的综合。无论教学理念、教学模式和教学方法如何改变，社会和学校对英语教师的道德要求都不会变。英语教学本身是一个具有教育意义和现实意义的事业，英语是一种丰富、优美的语言，有着让全世界的人都能顺畅沟通的魔力。而且，英语还承载着久远的文化、伟大的文学传统、西方主流的文明，它不仅值得学，而且值得教。正如作家王蒙先生所说的：“多学一种语言，不仅是多打开一扇窗子，多一种获取知识的桥梁，而且是多一个世界，多一个头脑，多一重生命。”① 高校英语教师对职业的热爱、对学生的关心和尊重、对工作认真负责的态度，都是教师职业道德的组成部分。

首先，教师的职业道德会促使英语教师不断提高自身英语水平和授课技巧，尽可能创造出有利于学生学习的条件；在平时的备课过程中，英语教师要努力扩大自己的知识面，寻找各种形式的补充材料，以弥补教材的不足，激发学生的兴趣。英语教师还会因为对教学质量的高要求，不断地反思教学中出现的问题与挑战，并积极寻找解决办法。英语教师只有具备正确的职业观和高尚的职业道德，才会全身心投入教学，努力提高教学水平，积极针对教学过程中的问题和困扰自主寻找答案，做到使学生满意，使自己问心无愧。

其次，高校英语教师对学生成长的关心、对学生意见的重视也体现出教师的职业道德。因为学生的成长体现着教师的价值，是教师生命的无限延伸；学生的意见是学生内心的真实想法，是影响教学的重要因素。在日常的教学中，尽管学生也有让教师烦心的时候，但是他们的点滴进步是对教师最好的回报。因此，英语教师要热爱自己的每一个学生，对所有的学生一视同仁。一个班级的学生来自不同的家庭，每个家庭都有自己独特的情况，每个学生也都有自己的个性特点，教师要平等地对待每个学生，不偏袒自己特别喜欢的学生，也不歧视自己不喜欢的学生，要对学生充满爱心，以构建和谐融洽的师生关系。

再次，高校英语教师在培养职业道德的过程中，除了要热爱自己的岗位、关心自己的学生，还应该树立正确的专业认同感和专业发展意识。专业认同有助于教师明确自身的定位，以专业身份的标准来自我要求、自我管理、自我约束和自我规划。教师一旦树立了专业认同感和专业发展意识，就会把自己看作专业发展的主体，不断谋求自身发展的动力和途径，就不会满足于现有的知识储备和教学水平，更不会安于现状、墨守成规、故步自封，而会以发展的眼光审视变化的教学环境、教学目标、教学对象和教学内容，在实践中不断更新理念，提升教学和科研水平，把高校英语教学和研究当作实现个人理想的终身事业来对待。相反，如果缺乏对职业的专业认同感，就

① 王蒙．王蒙自述：我的人生哲学[M]．北京：人民文学出版社，2003：205.

会迷失职业生涯的目标，缺乏发展的动力，失去工作的激情。

最后，在职业道德意志方面，高校英语教师要具有克服教学困难的勇气和决心。高校学生在学习英语的过程中会出现各种各样的问题，许多问题是无法从书本中找到答案的；高校英语教师在教学过程中也会遇到各种各样的困难，其中有些困难是可以预料的，有些是意料之外的，这就需要教师培养自己的意志，不断地在教学实践中探索解决问题的方法。英语学习是一个漫长的过程，世界上没有一种速成方法能够使学生迅速地学会英语。这就需要学生有恒心，也需要教师具有持之以恒的意志。这种持之以恒的意志还表现在教师自身的提高。一个优秀的教师需要在教学实践的过程中不断地发现问题、解决问题，不断地通过学习、研究，提高自己的教学水平。

（二）高校英语教师的学科专业素养

1. 专业的知识储备

当今时代背景下，高校英语教师需要具备专业的知识水平，也就是扎实的语言基本功。所谓语言基本功，是指英语教师能够把握和驾驭英语语言知识和相关应用技能，能熟练地运用英语这一门语言进行授课，这是身为一名高校英语教师最基本的专业素质要求。与此同时，高校英语教师最重要的业务素质是具有较强的英语表达能力和写作能力。这主要是因为高校英语教师需要运用英语语言文字和口语进行教学和交流，只有思维逻辑顺畅、表述问题清晰，才能与学生进行良好的沟通。

2. 先进的教育理念

（1）高校英语教师要掌握先进的教育理念。通常情况下，教育理念包括理论取向的教育理念和价值取向的教育理念。首先，理论取向的教育理念一般指的是教学实践者将某一教学理论或学习理论运用于具体的教学实践中。例如，交际语言教学就是以语言理论为基础开展的一个教学实例。在其影响下，其他交际理论框架下的语言教学法也逐渐产生，如任务型教学法、合作学习法、内容型教学法。研究我国英语教学的发展历程可以看出，我国英语教学是随着世界各国语言教学的发展而不断发展的，语法翻译法、听说法、交际法等都是由国内外语教学领域的权威专家直接引进的国外流行的外语教学法。其次，价值取向的教育理念逐步形成。随着国内外教育形势的不断发展，人们的教育理念、教学目标、教学模式也发生了变化。广大英语教育工作者开始接受新的教学理念。其中以学生为中心，着眼于学生思想、情感、认知、需求、个性的培养与发展等教学内容的转变，就是新的教学理念的体现。

我国对教师、学生、教学以及教育在社会中应有作用的评价导致了价值取向的教学理念的形成。现在流行的语言课程文献、校本课程发展、行动研究等都属于价值取向的教育体系。一些价值取向的语言教学方法和教学制度，还包括人文教学法、学生中心教学法、教师分队教学制等。其中，人文教学法强调学生价值观的发展、自我意识的提高、对他人的理解能力的培养、积极参与学习活动以及转变学习活动的方式等。学生中心教学法则认为学生应该学会自我控制，应尝试自己做出决定并对自己的决定负责。学生的需要不同，学习兴趣不同，学习方法也不同。在具体的教学实践过程中，教师应该向学生提供有效的学习策略，帮助学生找到适合自己的学习方式，掌握完成课程任务所需要的技巧，鼓励学生树立自己的学习目标，使学生养成自我评价的习惯。教师分队教学制则认为要想取得最佳的教学效果，就需要各学科专业的教师与同行合作。在教学的各个阶段，同事之间的互动和合作对教师和学生的发展都大有裨益。对学生而言，教师之间的交流有利于教师全面掌握他们的学习特点、学习情况以及其他方面的发展情况，因而有利于教师制定更符合他们学习发展需要的教学计划，促进他们的全面发展；对于教师而言，相同学科教师之间的专业知识交流、教学技巧探讨能促进教师教学水平的提高，促进他们解决实际教学过程中的问题。

（2）高校英语教师要有正确的教育技艺观。教育技艺观将教学视为一种艺术，教学艺术的魅力在于教师个人性格的感召力、价值观的感染力、敏捷思维的影响力和创新意识的催化力。

具体而言，一名优秀的教师应该具备三个方面的意识，即现代意识、改革意识和创新意识。受这三种意识的影响，教师会不断发掘课程的时代性、实用性和独特性；教师能依据教材、超越教材、活用教材、发展教材；教师对教学形势的需要以及教学形势的发展进行评价，从而创造、运用符合自身教学实际的教学策略。与此同时，教育技艺观还要求教师根据特定的教学形势和教学环境发展出适合自己的教学方法，逐渐形成具有个性化特征的教学技巧。对于教学来说，教要有法，但教无定法，贵在得法。没有哪一种教学法能够适合所有的教学环境、教学形势、教学对象，因此在教学过程中教师

应该根据自己的教学环境、教学对象、教学目标，形成自己的教学模式，选择适合自己的或是最有效的方法。

除此之外，受教育技艺观影响的教师应擅长做出教学决策，这是教师应具有的最基本的能力。因为一位好的教师应善于分析自己的教学形势，了解在特定的教学环境中可选择的范围，然后选择适合自己教学情境的最有效方法。这就要求教师不仅能够利用专业知识和职业技能，还要能运用自己所具有的独特的智慧和策略去完成教学目标。这并不是说教师掌握或运用不同的教学方法没有任何价值，而是说单纯地固守一种教学方法会阻碍教师个人潜力的发展。

3. 开放的思维方式

在思维科学中，创造性思维是最高的思维形式，也是最有价值的思维形式。所谓创造性思维，就是用新想法、新技术和新方式来解决问题和处理问题。创造性思维一般具有以下四个方面的基本特征。

（1）独特性。即能够打破常规，从独特的角度来发现问题与解决问题。

（2）多向性。即包含发散性思维与聚合性思维。发散性思维要求能举一反三，灵活开展教学活动。聚合性思维又有三个显著的特点，即同一性、程序性和比较性。同一性是指在解决问题的过程中利用求同的方法找到解决问题的答案；程序性则是指在解决问题的过程中如果有许多步骤，那么教师就应清楚地知道应该先做什么、后做什么，使问题的解决有章可循；比较性就是指当解决问题的方法不止一个时，要选出最好、最合适的方法，就要通过各方面的比较来决定。

（3）综合性。即通过综合和分析归纳，抓住事物的主要矛盾和矛盾的主要方面。

（4）发展性。即对事物的发展应该具有预见性，进而推测事物发展的趋势。

（三）高校英语教师的科研素养

一名优秀的高校英语教师不仅是教学的实践者，还应该是英语教学与学习规律的研究者。如上文所述，中国拥有数量众多的把英语作为外语来学习的学习者，有着庞大的英语教学与研究队伍。在中国的历史上也从来没有像今天这样重视英语的学习。但是，令人遗憾的是，在英语教学理论的探索上还没有形成与庞大的学习群体规模相匹配的研究成果。长期以来，中国的英语教学在很大程度上仍然是照搬国外的英语教学理论和教学方法，然而这些理论与方法并非适合中国的英语教学。中国的英语教学具有自己独特的语言文化背景，中国的学习者具有自己独特的生理与心理特点，这些都决定了我们在充分借鉴国外的教学理论与方法的同时，要充分考虑中国的特色，通过融合与创新，努力探索具有中国特色的英语教学之路。在这一探索的过程中，高校英语教师的科研素质将起着决定性的作用。但现实是目前许多教师的科研素质还有待提高，并且他们认为科研不是一线教师应该做的事情。这就需要他们通过自己不断的努力来提高自己的科研素质。高校英语教师要提升自己的科研素质，首先要树立正确的科研观，其次要了解英语科研的对象，最后还要明确自己应发展什么样的科研能力。

1. 科研观

语言教学是一种具有科学性的特殊活动。语言教学既需要英语教学工作者具备丰富的专业知识，还需要他们具备其他学科的相关知识以及专门的技术、特定的技艺，这些技术或技艺往往是结合其他学科的研究理论，经过专门研究而产生的结果。

（1）以成功的语言教师为范例。首先要做的是确定哪些教师的课堂教学模式可以作为模仿的范例。可模仿的范例确定后，通过课堂教学观摩和访谈来研究范例教师的课堂教学实践。组织由教研员、教学监管人员、专业人员、一线高校英语教师共同观摩一组被认为是教学典型的语言教师的课，其中应重点观摩以下几个方面。

第一，如何组织课堂教学。

第二，如何传授语言知识，如何培养学生的语言能力。

第三，如何组织教学活动和学习活动。

第四，如何使学生更好地完成任务。

在上述观摩的基础上，再对范例教师进行访谈，从而界定他们的教学理念和教学目标以及执行教学任务的要求等。然后，再观摩他们的实际教学过程，观摩后组织讨论，使大家更清楚地了解这些模范教师的教学模式。在这一流程结束后，其他教师可依据此模式进行课堂教学。

（2）仿效被教学实践证明有效的教学模式。仿效被教学实践证明有效的教学模式是指将教学实证或实验研究的结果运用于课堂教学实践之中。因为成功的语言教学是一种特殊的教学行为，是基于前人经过逻辑推理的研究而

得来的。

2. 科研对象

英语教学中的科研就是找出影响英语学习成绩的变量（如教材、教法、教师，学生的年龄、性别、智力、性格等），以及这些变量与学习成绩之间的相互关系。总体而言，英语教学科研对象包括三个层次，其中最高层次是本体论，也就是哲学层面上的问题。在这个层次上有两个核心的问题：一是语言的本质，也就是说语言作为一种人类所特有的现象，其区别于动物交际方式的本质特征是什么；二是语言学习的过程，也就是语言学习理论，这一问题又可以分为两个方面，即学习第二语言的心理过程和学习者的个体特征差异。本体论层次上的这两个问题最为重要，对这两个问题的回答决定了如何回答其他问题。因此，研究者就上述两个方面的问题都进行了大量的研究，并取得了丰硕的成果。英语教学科研对象的第二个层次是实践理论层次，主要研究教学如何实施，包括大纲的制定，教材的编写，各种语言技能的培养、测量和评估等。英语教学科研对象的第三个层次是方法论层次，研究具体的教学方法和手段。

3. 科研能力

在当今时代背景下，科研能力是高校英语教师必须具备的能力。科学研究可以促进教学的开展，教学的开展又能带动科研的进步。在教学中发现问题，在研究中解决问题，可以有效地提高教师的综合素质能力。高校英语教师要发展自己的科研能力，首先要了解基本的研究方法，如教学实验法、问卷调查法、访谈法、文献法、个案研究法等。在方法学习和应用的过程中，高校英语教师可以从自己的需要出发，选择与自己相符合的科学研究方法，发展自己的科研能力。具体来说，高校英语教师应发展以下两个方面的科研能力。

（1）高校英语教师需要发展一定的科研开发能力和对英语教学的研究能力。高校英语教师要具备主持科研项目、追踪专业学科发展方向的能力。应该利用自身的科研知识和科研素质解决在教学活动中遇到的实际问题，进而提高教学质量，促进教学发展。通过参加科研项目，高校英语教师可以提高自己的学术水平和科研能力，促进产学研三者的有机结合。

（2）高校英语教师还要发展通过参与科研提升教学水平的能力。高校英语教师要通过参与科学研究不断丰富、加深和更新自己的知识储备，从而丰富和充实教学内容，提高教学能力。高校英语教师还要用自己的科研思想和科研精神给学生带来好的影响，通过在教学中提出新课题，邀请学生参与课题讨论与实验，激发学生强烈的求知欲与创造欲，促进学生科研能力的提高和创造性思维的培养。另外，高校英语教师还需要具备信息加工、网络搜索、信息反馈等科研能力。

（四）高校英语教师的实践能力

1. 教学实践能力

任何一门专业都对从业人员有基本的能力规定，这些能力就是该专业的基础性能力。高校英语教师作为承担英语教学任务的专业人员，从其所面向的对象、工作的场所和内容以及追求的目标等方面来看，至少应该具备四个方面的基础性能力，如图 7–1 所示。

图 7–1　高校英语教师的教学实践基础性能力分类

（1）沟通交流能力。现代教育教学理论已经不再把教学看成是知识输出和接受的过程，而是师生之间交流和对话的过程。所以，国内有学者提出“教育即交流”的命题，认为教育的过程实质上就是师生沟通的过程。在日常教学中，同一堂课，相同的教学内容，面对相同的学生，有的教师把握起来得心应手，有的教师的课堂却死气沉沉，其主要原因是教师沟通能力存在

差异，无效或低效的沟通直接影响了教师的教学效能。因此，良好的沟通能力对于教师来说是最基础的能力。

英语教学尤其需要沟通和交流。学生英语能力的习得往往需要师生之间的充分互动，互动的过程其实就是沟通交流的过程。如果教师缺乏此方面的能力或此方面的能力不强，就很难达到较好的教学效果。教师要实现有效的沟通和交流，必须树立以学生的可持续发展为根本的思想，在教学中充分发扬民主，公平地对待每一位学生，耐心倾听每一位学生的心声，同时要注意沟通时的语言技巧，让学生乐于沟通、乐于参与课堂学习，进而热爱英语学习。具有充分、有效沟通和交流的教学才是有效的教学，具备有效沟通和交流能力的教师才是真正胜任教学岗位的专业教师。

（2）教学设计能力。面对一个特定的教学任务，教师如何组织教材，如何设计教学程序，采用何种教学方法和技术来开展教学显得尤其重要。好的课堂设计可以使课堂教学跌宕起伏、妙趣横生，可以一下子紧紧抓住学生的注意力，激发学生求知的欲望。教学设计能力的高低与操作性知识的多少是密不可分的。但是，操作性知识丰富并不意味着教学设计能力强。高校英语教师要有意识地加强有关教学设计的研讨，不同的教学设计理念、不同的教学活动、不同的教学媒体都会在很大程度上影响教学效果，影响学生英语能力的习得、巩固和提升。

（3）教学监控能力。一堂课能否顺利展开，能否取得预期的教学效果，不仅有赖于教师的沟通能力和教学设计能力，还与教师的课堂管理能力密切相关。按照北京师范大学心理学教授林崇德先生的说法，这种课堂管理的能力就是“教学监控能力”。林崇德先生认为，教学监控能力是教师的核心能力。在一个有几十名学生的教学班，没有很强的教学监控能力而要实施有效的课堂教学几乎是不可能的。① 如何有效地推进各种教学活动，如何确保各类学生在学习过程中都在各自的起点上获得应有的进步，如何确保小组合作学习有效实施等，都需要英语教师有很强的能力去掌控。这种教学监控能力其实是一种综合能力的体现，它没有明确的章法可以遵循，运用之妙，存乎一心，但是要做到随机应变、游刃有余的确非常不容易。

① 辛涛，林崇德．教师教学监控能力发展：质与量的分析[J]. 中国教育学刊，1999（03）：51-55.

（4）教材驾驭能力。教材是教师教学最重要的辅助工具，在英语教学实践的过程中，教材是关键的组成部分。教材直接体现着教学内容，影响着教学方法。当提到教材时，人们往往首先想到的是教科书，但随着教学理念的不断发展，教材的含义已经不再仅仅局限于教科书。教材的定义有广义与狭义之分，狭义的教材往往指的是教科书，而广义的教材泛指在英语教学实践中适合学生使用的所有教学材料，包括教科书以及各种教学辅助书籍和材料。

英语教师的教学内容、教学方法和教学思维既源于教材，又超越教材，教师以教材为基础向学生传授英语的语言知识和语言技能。因此，优秀的高校英语教师必须拥有出色的教材驾驭能力，充分利用教材辅助英语教学，而不是将教学模式局限在教材的框架之内。教师对于教材的把控和驾驭能力主要体现在教材的选择和教材的使用两个方面。

2. 发展性教学能力

随着时代的不断变化与发展，英语教学的教学理念、教学模式、教学方法、教学体系也都处在不断的变化之中。相应地，英语教师的实践能力需要随着时代的发展和变化而不断更新，高校英语教师需要具备与时俱进的发展性教学能力。发展性教学能力主要包括以下三个方面的内容。

（1）合作研究能力。教师与其他职业最大的区别在于工作对象的不同。教师所面对的不是静止的物体，而是一个个具有主体思维的鲜活的生命，教学的复杂性、艺术性和创造性皆由此而生。看似常规的教学活动几乎没有一点是重复的，教师不断被置于新的教学情境中，不得不面对许多新问题。而这些问题都具有个体性、偶然性和情境性，需要教师自己去反思，去追根溯源，找到解决问题的办法。所以，研究应该是教师工作的一种常态。当然，教师的研究不应是一个人的孤军奋战和苦思冥想，他需要与同事的沟通和合作。教学工作的特殊性与复杂性决定了教师仅仅依靠个体反思，是难以实现真正意义上的专业发展的。教师需要与同事一起合作，共同发现问题和解决问题。因此，合作应该是教师研究的主要方式。

实践表明，教师的合作研究能力会在教学中深深影响学生的合作探究能力。这一点在英语课堂教学中表现得更为明显。有合作研究习惯的教师自然会把这种习惯迁移到自己的课堂教学中去，从而使自己的课堂教学更具亲和力和实际效果。长此以往，教师的习惯也会变成学生的习惯，达到潜移默化

的目的。

（2）创新能力。创新是教学的灵魂，也是教学的最高境界。教师的创新能力是区别经验型教师与专家型教师的根本标志。所谓创新能力，是指教师能否根据教学内容、情境和对象的变化，创造性地运用教学理论和教学方法，以达到教育目标的能力。创新既要遵守基本的教育规律，又不能被条条框框所束缚，要使教学的空间得到拓展并富有弹性，充分体现教师的教学智慧。

创新能力的培养不仅有赖于教师教育教学观念的更新，更有赖于教师个体实践经验的积累，以及教师对教育教学理论的辩证理解和对教学方法及手段的灵活运用。创新能力的形成，需要教师具有扎实的基础性能力作为支撑。脱离基础性能力的培养，没有发展的意识和能力，教师的创新能力也就无从谈起。教师个体实践经验的多少与创新能力的高低有着十分密切的关系，因此，高校英语教师要不断丰富个体实践经验，以此提高自身的创新能力。

（3）生涯规划能力。当今世界，知识日新月异，学校所面临的教育环境和社会环境正变得日益复杂，教师所面临的挑战也日益严峻。“做一天和尚撞一天钟”的教师已经不能适应教育发展和社会发展的需要，教师必须时时刻刻思考怎样才能做一个胜任工作的好教师。

教师要根据时代发展，树立明确的、切实可行的专业发展目标，并根据自身所处的内外部教学环境的变化，确定并不断调整专业发展的内容和途径。只有对自己的职业生涯进行清晰的规划，才能明确人生和职业的发展方向，才能清楚地认识到自身的价值，抓住机遇，增强自身的职业竞争力和使命感。高校英语教师在工作伊始，就应树立自己的职业理想，做好自己的职业规划，确立自己各个发展阶段专业能力的提升目标，并有效地激励自己一步一步地迈向成功。有了明确的目标指引和踏踏实实的行动，成为一位优秀的高校英语教学教师的目标就不难实现了。

二、多元文化视域下高校英语教师的专业素养

（一）高校英语教师专业意识素养

当今世界文化的多样性、差异性和跨文化交际人才培养的迫切性需要高校英语教师树立多元文化的意识。因为高校英语教师如果只具备对英语语言

的教学意识，那么就会只关注学生的语言学习，而不注重学生的文化学习，就可能降低对文化差异的敏感度，因而也就不容易发掘语言背后的文化、语法背后的规则以及文化的教育意义。

高校英语教师只有树立了多元文化的意识，才能更好地开展英语教学，实现英语教学的最终目的。因为语言的学习离不开文化，语言承载着文化，文化影响着语言，学生只有了解语言产生和发展的文化背景，才能更好地理解语言的深刻内涵，才能更好地掌握语言、应用语言。英语教学的最终目的是培养和发展学生的英语综合运用能力、跨文化交际能力，同时引导学生树立正确的文化意识，正确看待不同文化之间的差异，从而树立正确的世界观、价值观。只有英语教师树立了多元文化的意识，才能给学生树立学习的榜样，才能更好地帮助学生树立多元文化的意识，学习多元文化的知识。

（二）高校英语教师专业知识素养

伴随着多元文化的持续发展，高校英语教师在掌握英语专业语言知识的同时，还需要掌握多元文化知识。只有掌握了多元文化知识，高校英语教师才能拥有国际化的眼光和发散性的思维，才能提升自己的教学魅力，获得更多的话语权。同时，高校英语教师只有自身具备了多元文化的知识，才能传授给学生丰富的文化知识，才能培养出具备多元文化素质的未来工作者。

高校英语教师要掌握多元文化的专业知识，尤其是英语国家的人文地理、历史故事、风俗习惯、生活习俗等。这些英语国家的文化知识将有助于学生更好地了解英语这门语言，也有助于他们与来自英语国家的交际对象展开交际。英语教师应让学生了解：当今世界是一个多元文化的世界，只有掌握了多元文化知识的人，才能更好地适应这个世界的发展。

高校英语教师不仅要掌握多元文化的知识，还要将这些知识自然地融入日常的英语教学过程中，使学生能在多元文化的教学环境中学习和成长。高校英语教师要掌握多元文化知识的另一个原因是，在多元文化的教学环境中，学生所提出的问题具有开放性，既不能预测，也无法设定结果。也就是说，在非英语专业领域，教师与学生的起点是一致的，如果教师没有足够多的文化知识储备，那么就很难与学生继续讨论相关话题，也无法在学生面前树立教师的形象。与此同时，高校英语教师还要帮助学生发展他们的批判性思维，通过比较不同文化之间的异同，对外来文化有选择地进行吸收，进而丰富学生的知识储备，提高学生的人文素养。

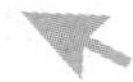

（三）高校英语教师专业能力素养

伴随着多元文化的日益兴盛，高校英语教师不仅要树立多元文化的意识，掌握多元文化的知识，还要具备英语多元文化教学的能力。高校英语教师要根据教学大纲和教学目标的要求，设立英语多元文化教学的目标，制订多元文化教学的实施方案，选择多元文化教学的方法，设计多元文化教学的活动，将多元文化知识循序渐进、深入浅出地传授给学生，引导学生树立平等、开放、包容的多元文化意识，并通过本民族文化与多元文化的对比，坚定自己的民族自信心，同时吸收多元文化的优点，丰富本民族文化的内涵。

除此之外，高校英语教师应具备一定的跨文化交际能力以及培养这种交际能力的教学能力。高校英语教师应了解英语国家的交际规则和社交礼仪等方面的多元文化知识，并能在实际的跨文化交际过程中使用这些知识，提升自己的跨文化交际能力。高校英语教师只有自己拥有了跨文化交际能力，才能更好地指引学生发展这方面的能力。

（四）高校英语教师专业创新素养

多元文化背景下高校英语教师的专业创新是指高校英语教师不满足于当下教学工作的开展，以不断学习、锐意进取的心态反思教学行为和教学效果，促进多元文化教学的专业创新。当前，高校英语多元文化教学的开展还存在很多挑战和困难，高校英语教师应该立足自身，不怕困难，探索开展多元文化教学的创新方法和途径，使多元文化教学成为高校英语教学的重要组成部分，早日实现高校英语教学的总目标。

第三节 高校英语教师的素养提升

一、构建专业化的培养体系

构建专业化的培养体系有助于提升高校英语教师的素养，这主要是因为提升英语教师的专业素质水平需要国家、教师、学校与社会共同努力。其中，国家、学校、社会的作用就是为教师实现专业发展提供良好的政策环境与学习条件。建设专业化的教师培养体系是实现教师专业发展的重要途径，其主要内容包括开展校本培训、促进教师共同体的发展、优化英语师范教育以及健全英语教师继续教育制度。

（一）开展校本培训

1. 校本培训的内涵

校本培训是实现教师专业化发展的有效路径，受到广大高校英语教师的普遍欢迎。欧洲教师教育协会给出的校本培训的定义是：校本培训指的是学校出于教学课程安排与教学总体规划的需要，组织实施的旨在全面提升教师素质、满足教师发展需求的校内培训活动。高校应该定期举办英语教师培训活动，充分利用校内外的各种资源，使英语教师在交流与互动中讨论教学过程中出现的问题，学习英语多元文化教学的先进经验，使自己的专业知识和教学能力得到提升。

具体而言，校本培训包括以下四个方面的内容。

①校本培训的目的是达成学校的教学要求；

②校本培训由学校组织发起，其实施主体是学校，学校拥有充分的自主权；

③校本培训在满足学校发展需要的同时，也要满足教师的自我发展需求；

④校本培训的组织地点以学校为最佳。

我国学者对于校本培训的概念和内涵也有多种解读。有的学者认为，校本培训即以校为本开展的教师培训活动，强调学校在活动组织中的主体作用；有的学者认为，校本培训是学校根据自身发展的需要，自主制订培训目标与培训计划，以学校的具体教学实践领域为阵地，自主开展的旨在提升教学质量的教师培训活动；还有的学者强调校本培训的目的，认为校本培训是由学校发起的、与教育教学和科研活动密切相关的、旨在提升教师教学能力的教育活动形式。我国学者何声钟对校本培训的看法是：校本培训是源于学校发展的需要，由学校发起和规划，满足学校与教师发展需要，在校内进行的学习与培训活动。它既可以在整个学校进行，也可以由某个部门组织进行，还可以多所学校合作进行。[①]

① 何声钟．校本教师教育的理念与实施原则[J]．江西教育学院学报（社会科学版），2007(01)：38-41．

基于上述研究，笔者认为校本培训指的是学校从自身发展需要和教师的实际需求出发，立足于教学实践，充分利用校内外资源，组织发起的旨在促进学校教育质量提升和教师专业发展的培训活动。

综上所述，我们对于校本培训的内涵有了整体的认识和进一步的了解。校本培训从词语结构上来说由两部分构成，即“校本”与“培训”。其中“校本”指的是以学校为本，以学校为本主要体现在以下三个方面。

第一，校本培训是为了学校。校本培训的目的是促进学校和教师的发展，因此，开展校本培训的出发点应该是解决学校和教师在实际教学活动中遇到的困难，实现学校整体教育质量的提高。

第二，学校是校本培训的主体。校本培训基于学校，校本培训的所有活动内容必须从学校和教师的实际需求出发，根据教学实践的实际情况，自主确定培训的内容和组织方式，促进学校与教师的共同发展。

第三，校本培训需要立足于学校，立足于具体的教学实践。校本培训不是纸上谈兵，其成果需要在具体的教学实践中检验。因此，校本培训不能脱离学校，应该将培训的理论应用于学校教学的实际，发现教学过程中的问题，并分析与解决问题。

另外，“培训”即“培养与训练”，是提升教师专业发展水平的重要手段。当今是信息化时代，知识更新速度快，新模式、新理念、新方法不断涌入教育领域，为教师带来了一定的挑战。教师要想不落后于时代，就需要通过培训活动不断更新自己的知识与技能体系，更好地解决教学过程中遇到的难题。

2. 校本培训的优点

校本培训与传统的教育培训和职业技能培训不同，具有诸多独特的优点，主要体现在以下四个方面。

（1）校本培训从学校和教师的发展需要出发，对于具体的教学实践具有良好的指导作用。

（2）校本培训中学校和教师的自主性强，可以灵活选择适合自身的培训方式与内容。

（3）在校本培训中，教师不仅是学习者，还是培训方案的制定者与培训活动的参与者。培训机会平等、方式灵活，可以提升教师参与培训的积极性，充分发挥教师的主观能动性，更易达到良好的培训效果。

（4）校本培训充分利用校内外各种资源，更易达到培训目标。

3. 校本培训助力高校英语教师多元文化素养的提升

（1）充分挖掘本校资源。校本培训的主要组织方式有两种，分别是校内培训与学校之间的培训交流。其中，校内培训立足于本校教学实际，更加有利于帮助教师理论联系实际。

本校资源包括学校教学的历史经验、本校骨干教师的教学经验以及本校教师的教学实践总结等。英语教师多元文化素养的提升需要高校充分挖掘本校资源，让英语教师在熟悉的环境中互相交流学习，这有助于教师在更加轻松的氛围中活跃交流，而培训的内容也能更好地融入多元文化教学的实践。

同时，校内开展的校本培训立足于本校，成本更低，也更容易开展。因此，此种类型校本培训的频率可以适当提升，帮助教师及时反馈多元文化教学中存在的共性或个性问题。

（2）创新校本培训的方式。传统的校本培训方式以线下组织交流培训活动为主，通过教师之间的交流与分享获取教学经验，探索教学方法。而在信息技术十分普及且不断发展完善的今天，充分利用新的技术展开校本培训就成为教师专业发展的重要需求。

信息技术并没有改变校本培训的基本形式，而是改变了校本培训的互动和交流方式，信息技术在校本培训中的应用具有鲜明的特点，即高效、便利、资源更新快。通过多种交流平台，教师可以在线上进行即时互动和交流；通过对各种信息技术的合理运用，教师可以持续、及时地获取丰富的多元文化教学资源和教学信息，作为自己开展教学活动的重要参考。

学校和教师还可以通过网络建立多元文化教学的交流群或交流组，共同进行教学研修，探讨和解决教学过程中遇到的问题，总结教学过程中取得的经验。在这个过程中，教师可以自由选择培训、交流的时间和方式，根据自身的教学实践及时参与线上研修与交流，使校本培训不再受时间与空间的制约，可以持续保持活力。

（二）促进教师共同体的发展

1. 教师共同体的概念

教师共同体指的是为了促进教师的专业发展，教师群体本着合作、互助、共享、开放、发展的理念，以教学经验的交流与教学互助为主要内容组建而成的教师团体组织。

2. 教师共同体的作用

教师共同体的成员以教育者为主，成员可以通过教师共同体学习教育理论，交流教学经验，探讨教学问题。此外，教师共同体还具有一定的社会影响力，可以维护教师权益，为教师专业发展创造更多的有利条件。教师共同体的主要作用包括以下四个方面的内容。

（1）方便教师之间的交流。在教师共同体中，教师可以打破学科与教学环境的限制，自由进行多元文化教学经验的交流与分享，共同分析并解决教学过程中遇到的问题，从不同的角度分享不同的实践经验、不同的教学经历。针对某一教学话题进行讨论，有利于开拓教师的教学思维，帮助教师从多角度认识教学活动，以及采取灵活的方式应对教学实践中出现的问题。

（2）帮助教师自主提升多元文化专业发展水平。教师共同体是教师自愿组成或加入的，没有外界的强制性要求，因此加入教师共同体是教师个体的一种带有很强积极性的主动行为。不同的教师共同体也具有其独特的风格，同一教师共同体中的成员往往在很多方面具有相似性，如对多元文化研究的兴趣、爱好，对待教学的态度、教学理念、教育方式、价值观以及为人处世的方式等。具有相似品质的个体之间的交流会变得更加流畅、顺利，教师也会对该团体更有归属感，形成心理活动与实践活动的良性循环，帮助教师自主提升专业发展水平。

（3）有利于多元文化教学资源即时共享。教师共同体的另一个优点就是信息资源的共享，优秀的教师共同体是一个蕴含着丰富智慧与庞大信息量的平台，教师在其中分享自身关于教学的种种观点，同时分享自己掌握的关于教学的相关信息。这种大量个体之间分享信息的方式，可以保证信息更新的即时性，让教师可以在第一时间接触新的政策、新的教学方式、新的教学理念等。

（4）为教师提供学习的平台。教师共同体还可以通过引入教育领域的专家与其他优秀教师的方式，让他们分享多元文化的教学经验，从更加专业的角度分析教学活动，为教师的教学活动提供更多的学术和理论支持，提升团体内教师的多元文化专业水平，促进团体内教师的共同发展。

（三）健全高校英语教师继续教育制度

进入工作岗位并不意味着教师学习阶段的结束，教师应该树立终身学习观念，既是“教师”，又是“学生”。教师通过学习不断提升自身的多元文化素质，这既是教师实现专业发展的要求，也是国家教育事业发展的需要。

当今信息时代的显著特点之一就是信息和知识的更新速度加快，新的教学理念与新的教学方式不断产生、更新，加之英语教育政策的不断调整，英语教师在学校中学到的多元文化知识，不可避免地会面临过时、老化，不符合现代教学实践等问题。因此，英语教师必须始终保持学习的心态，不能满足于现有的知识体系，不能禁锢在固有的教学模式之中，要勇于探索和学习新的文化知识，并付诸实践。

教师的学习途径总体分为两个方面：一是自我学习与提升，这需要教师拥有充分的自我发展意识；二是教师继续教育制度下的一系列教师培训活动。教师继续教育制度需要整合各类教育和社会资源，相关教育部门、综合类大学、师范院校以及教育团体或组织需要相互沟通、相互协调、相互配合，实现信息与资源共享、教育与学习联动，共同努力，提升教师多元文化专业发展水平。

作为教师的工作单位，教师所在学校应该重视教师的继续教育工作，充分发挥其教育资源整合的作用，合理制定教师培训计划，并将其规范化、制度化，确保每位教师享有平等的培训机会。部分学校存在不重视教师继续教育的现象，认为教师的本职工作是教学，以教师现有的能力，负责该学习阶段学生的教学工作绰绰有余。这些观念显然是错误的。首先，时代是不断发展变化的，教育工作也应紧跟时代的步伐，不断变革与创新。其次，正所谓“磨刀不误砍柴工”，教师接受继续教育的目的是不断提升自身的专业素质，以适应中国教育的不断发展。教师在继续教育的过程中可以学习和掌握最新的教育理念与教育方法，然后再与教学实践相结合，运用到英语教学活动当中，从而更有效地提升教学效率，促进多元文化教学的发展。

总而言之，教学思维与教学模式的固化都会导致教学实践停滞不前，无法为教学活动注入新鲜的血液，导致教学逐渐落后于时代发展，这种情况之于教师本身来说亦是如此。学习如逆水行舟，不进则退，教师只有不断更新自身的多元文化知识体系，才能不断进步，不被时代所淘汰。

二、加强教师专业发展的保障

要提升高校英语教师的素质，不但要重视教师的培养，还需要健全和完善相关的保障制度，保护教师的合法权益，真正提升英语教师的专业素养。提升英语教师的素质，加强教师专业发展保障，需要从国家、社会的上层建

筑建设出发，统筹规划，协调发展，主要路径如图 7–2 所示。

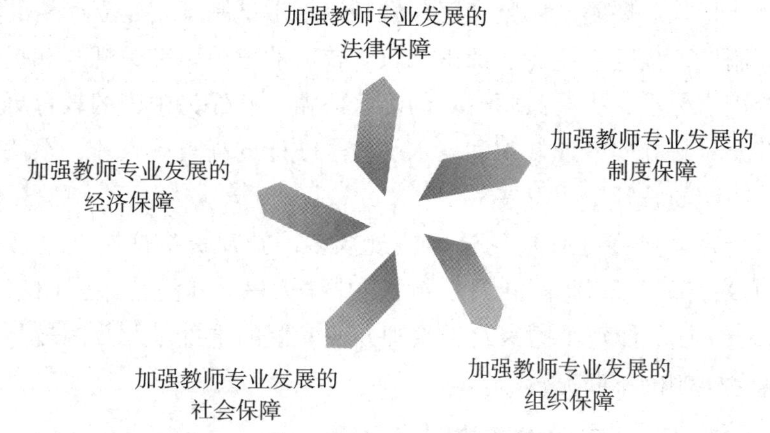

图 7–2　加强教师专业发展保障的路径

（一）加强教师专业发展的法律保障

法律保障是教师专业发展最直接、最有力的保障。法律可以有效保障教师的合法权益，同时可以对教师专业发展起到一定的导向作用。

以教师资格制度为例，教师资格制度是法律保障教师专业发展最为显著的体现之一。纵观教师专业的发展历程，教师职业出现的时间很早，可以追溯到公元前，但教师的专业化发展却不尽如人意，教师的专业地位相较于其他专门职业来说确立较晚。这种情况在我国更是体现得淋漓尽致，教师这一职业从在我国出现到实现现代意义上的专业化，经历了数千年的时间。

随着国际社会对于教师专业化发展越发重视，从 20 世纪 90 年代开始，我国也将教师专业发展作为教育教学的重要组成部分展开了一系列研究与探索，并开始重视教师资格制度的完善。教师是负责教学活动的专业人员，承担着教书育人的重任，需要符合行业特定的标准与要求，因此需要严格的行业准入资格。这种准入资格考核就是教师资格证书制度，其最终成果就是教师资格证书。

为保护教师专业发展和教师行业准入制度的正常推进，我国先后于 1993 年、1995 年和 2000 年分别颁布了《中华人民共和国教师法》《教师资格条例》《〈教师资格条例〉实施办法》等法律法规。这些法律法规为教师资格证书制度的实施提供了强有力的保障，也体现了教师职业的专业性，以及教育作为一国之本的重要地位。

综上所述，教师资格证考试是我国教师专业的行业准入考试，需要认真对待，严格把控。要不断调整和完善教师资格考试制度，建立严格的教师资格证认证制度，提高对于专业知识与教学技能的考核标准，规范和提升教师资格证的审核标准，提高教师行业的准入门槛，确保为中国的教育事业源源不断地补充具备扎实专业知识和高水平教学技能的高素质人才，在法律层面不断推动中国的教师专业发展。

我国涉及教师专业发展的法律法规众多，教师资格证制度只是其中之一。我国教育部于 2021 年 11 月发布了《中华人民共和国教师法（修订草案）（征求意见稿）》，体现了国家对于教师专业发展的重视以及我国教师专业发展法律保障机制的不断完善。

（二）加强教师专业发展的制度保障

1. 健全法律和制度保障

制度保障是教师专业发展保障体系中的关键组成部分，是教师专业发展不可或缺的外部保障。教师专业发展制度保障的具体内容是，拥有完善的与教师专业发展目标相对应的法律、法规以及相关政策。

《中华人民共和国教师法》明确了教师的任务与地位，强调了教师行业的专业性与教师的专业地位，指出教师的使命是教书育人，为社会主义的建设与国家和社会的发展培养高素质的接班人。《教师资格条例》也在法律和制度层面明确了教师的法律地位。我国关于教育的法律法规众多，其中大多涉及教师职业，这些法律法规的颁布和实施为我国教师的专业发展提供了坚实的法律与制度保障。

2. 完善教师专业发展评价机制

（1）教师专业发展评价机制的内涵。教师培养机制与培训机制为教师专业发展提供了良好的条件，对于教师专业知识的学习和教学能力的提升具有重要的促进作用。若想充分了解教师素质的提升情况与教师专业能力的发展情况，则需要依赖科学的教师评价机制。

评价指的是对于某些现象的发展变化情况以及其优缺点进行评估，那么教师评价机制就是对于教师专业发展评价模式的内在组织及运行规律的总结。

（2）健全教师专业发展评价机制。教师专业发展是一个复杂的动态发展

系统，包括教师的成长、学习、教学与发展的整个过程，还包括关于教师专业发展的政策、制度、环境等因素。促进高校英语教师专业发展，提高高校英语教师的专业化水平，提升中国的英语教育水平，不仅需要重视教师的培养，还应该重视教师发展的保障，完善教师发展保障机制，在法律、制度、组织、经济、社会、评价体系等各方面加强对于教师发展的保障，为教师专业发展提供良好的环境。

教师专业发展评价机制的对象是教师的专业素质以及教师的教学活动。具体来说，包括知识结构、专业素养、教学能力、人文素养、师德师风等教师的专业素质，以及教学课程规划、教学设计、课堂教学、教学方法、教学模式、教学组织、教学成果等教学活动的方方面面。

一套科学的教师专业发展评价机制可以对教师进行全方位、科学的评测，对于表现优秀的方面，应该给予教师充足的正向激励；对于不足的部分，能够帮助教师及时发现不足之处，并进行纠正。科学的教师专业发展评价机制能够对教师专业发展起到巨大的推动作用；相反，一套不合理的教学评价机制则会对教师发展起到错误的导向作用。

因此，我国需要探索并建立一套科学的教师专业发展评价机制，其中包括科学的学术评审制度和质量评估制度，为新时代我国的教师专业发展提供坚实的制度保障。与此同时，教师专业发展评价机制还应根据具体教学阶段的不同，而在评价内容与评价方式上有所区分，要充分考虑教师个人专业知识和专业素质在不同阶段的发展要求，制定相应的评价内容与评价机制。

教师专业发展评价机制具有发展性的特点，不再一味地采取硬性指标对教师进行考核，可以为教师创造一个相对宽松的评估环境，在正常的工作环境下对教师进行评估，根据教学实践判断教师在教学活动中的表现，提供合理的改进建议，帮助教师提升教学水平。

（三）加强教师专业发展的组织保障

组织保障是教师专业发展保障的有效路径，健全教师专业发展的组织保障就是建立相关教育和教师组织，为教师个人权利与教学活动的开展提供规范化管理与制度性保障。组织保障强调对于教师权益的保障，由于教师专业发展需要通过教育、培训、交流合作等方式实现，而这些实践路径均属于教师的发展权益。因此，组织保障对于教师专业发展具有重要的意义。

组织的形式多种多样，以美国为例，在美国，有许多关于教师行业的专业组织，如全美教育协会（NEA）、美国教师联合会（AFT）、美国大学教授联合会（AAUP）等。这些组织以保护教师权益为工作核心，虽然是民间组织，但拥有巨大的影响力与号召力，能够有力地维护教师群体的合法权益。

中国的教师组织保障起步较晚，尚处于探索阶段，还存在较大的发展空间。中国的教师组织有两种：一种是由国家相关部门牵头成立的；一种是由民间组织成立的。如我国高等教育部门成立的中国高等教育学会和民间组织成立的中国教师教学研究会。国家相关部门牵头成立的教师组织多是以学科建设为使命，而不是从社会职业的角度对教师的职业道德、职业操守和职业权利等方面进行规范。

建立和健全正规的教师管理组织是保障教师专业发展的重要途径。建议相关部门设置专门的机构，对教师的职业道德、职业操守和权利义务进行规范与保障。该机构的成员组成应该包括政府以及教育领域的不同部门、不同机构、不同群体，该机构设置应该对教师组织有约束力，对行政机关有影响力，对教师事务的处理有执行力，能够很好地协调各部门与机构之间的关系，为教师群体提供规范化的行为准则以及制度化的权利保障。

我国教师组织的发展由于起步晚、发展慢，因此还有很长的路要走。但千里之行始于足下，教师组织的建设应该从现在抓起，在国家教育部门的引导下，由社会力量组织建立并进行管理，为我国教师专业发展提供更多的保障。

（四）加强教师专业发展的社会保障

随着经济与社会的发展，人们的价值观也产生了一定的变化。在当今时代，人们的价值观主要是市场经济条件下对个人主体价值的承认和肯定。这种转换强烈地影响着当代教师，既激发了教师追求个人主体价值的积极性、创造性和主动性，又能充分发挥其个人价值。与此同时，学术劳动力市场的流动性不足，绝大多数教师在同一所学校终身任职。价值观和劳动力市场的流动性不足的变化，使教师产生职业倦怠感，导致工作绩效下降，这势必会影响教师自身的成长和发展，但也在一定程度上制约了教育领域的改革创新。

为了顺利地发展教师专业化，全社会都应该创造积极的社会环境，建立适当的社会调节体系。根据立法授权，引入中介评审，建成高校专业技术资

 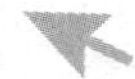

格评价的社会化组织，建立与单位聘任体系配套的高校教师自由流动机制，确保高级专门人才能在更大范围内相互竞争，不断地更新知识技能，获得较快的专业发展。

（五）加强教师专业发展的经济保障

薪资待遇是教师工作的积极性、主动性以及工作热情的决定性因素。一个专业要想拥有大量优秀人才，必须有较高的经济回报作为支撑，只有这样才可以促使专业内教师不断努力，提高自身的专业水平，树立严格的职业道德，从而提高本学科的权威和社会地位。教师职业是一种专门的职业，教师的劳动是一种复杂的劳动，教师劳动应该具有更高的价值，教师的经济待遇应等同于从事复杂劳动的工人享受的经济待遇水平。

联合国教科文组织在《关于教师地位的建议》中强调，教学不仅是一种专业，教师的待遇也应该有一定的标准，至少应与具备同等学力资格而从事其他工作的人员获得相当的报酬。我国改革开放以来，教师的地位已大大提高，但与很多行业相比，教师的待遇仍然不高，导致教师的社会地位难以提高。努力提高教师的经济待遇和社会地位，吸引大量优秀人才加入教师队伍，是促进教师专业化发展的有力保障。

三、其他提升高校英语教师素养的途径

（一）发挥反思性教学的作用

1. 反思性教学概述

反思性教学的概念起源于美国，美国教育家杜威首先提出“反思性思维”这一概念，后续研究者将这一概念不断完善、发展，并与其他理论知识相结合，在不同的行业研究领域形成了大量的理论成果，体现在教育领域就是反思性教学理论。

所谓反思性教学，就是教师对于自身教学实践中的行为表现及其依据进行批判性考察，并根据教学实践提升教学方式的合理性，改进教学方法、提升教学质量的过程。反思性教学可以帮助教师将“教”与“学”有机结合，从而更加科学、审慎、合理地开展教学活动。具体分析，反思性教学有以下特点。

第一，反思性教学是教师对于自己的教学过程所进行的主动、积极的思考。

第二，反思性教学是一个持续的过程，需要教师在教学实践中不断审视、反思和修正自己的教学行为。

第三，反思性教学的主体是不可替代的，教师个体既是反思者，又是反思的对象。其反思的内容是自身的教学实践，无论是作为反思主体的教师，还是作为教学对象的学生，都具有独特性，是其他个体所不能替代的。

第四，反思性教学对于教学效果的提升具有显著的作用。这是因为反思性教学具有很强的针对性，针对教学过程中的不足进行改进，其核心目标就是使教学过程更具合理性，提升教学效果。

第五，反思性教学可以帮助教师更加容易地发现教学实践中的不足并及时做出调整。

第六，反思性教学要求作为反思主体的教师要具有开放的思维与强烈的责任心。

第七，反思性教学具有合作性。教师之间合作进行反思性教学对话与交流，可以更全面地分析教学过程中遇到的种种问题。例如，对于教学过程中的不合理因素，有则改之，无则加勉；对于教学过程中有价值的因素，可以借鉴学习，有选择地融入自己的教学模式中。

2. 反思性教学的内容

（1）对于教学理念的反思。教学理念对于教学实践具有指导作用，因此，反思性教学要求高校英语教师首先对自己的教学理念进行反思，勇于转变思想，积极学习先进的教学理念，摒弃落后的、不适应当前高校英语教学要求的教学理念。

（2）对于教学方法的反思。对于教学方式、方法的反思也是反思性教学的重要组成部分，主要包括以下内容。

第一，在课堂教学中，理解性问题、开放性问题以及高层次问题提问的数量以及学生参与的人数和次数。

第二，开展语言知识教学所采用的方法与技巧。

第三，运用教学手段的技能。

第四，课堂教学的组织与管理。

第五，对问题学生的处理。

第六，对课堂上突发事件的处理。

（3）对于教学过程的反思。反思性教学还要求教师注意反思教学过程，

具体要对以下几个方面的内容进行审视。

第一，教学角色是否符合教学材料、教学目标和学生需要。

第二，教学活动设计是否合理。

第三，教学活动实施是否与预期目标一致。

第四，教学技术的使用是否利于学生的语言学习与能力发展。

第五，教学条件、教学方法、教学措施的应用是否将理念与实践有机地结合在一起。

第六，教学时间安排是否合理。

第七，学生参与课堂学习活动是否积极，学生的学习效果如何。

通过对这些内容进行反思，教师可以理性地回顾自己的课堂教学行为，从中发现存在的不足与问题，在以后的教学中注意改进。

（4）对于教学效果的反思。反思性教学不仅要求高校英语教师要对自己的整个教学过程进行反思，还要对教学的效果进行反思。对于教学效果的反思需要分两方面进行分析。其一，从学生的角度考察，即学生对于英语教学的满意程度以及学生对于知识的掌握是否符合英语课程标准的要求。其二，从高校英语教师的角度考察，即教师在考察阶段内的教育活动是否对教师的个人教学经验和教学理念起到了丰富和促进的作用。

3. 反思性教学促进多元文化教学创新

创新源自对现状的反思，创新是对现行方法措施的改进。因此高校英语教师要通过教学反思发现现行教学方法或教学过程中的问题，促进多元文化教学创新。在多元文化教学发展与成长的过程中，高校英语教师要时刻反思传统教学过程中存在的各种教学问题，对多元文化教育环境下存在的各种文化冲突问题保持探索的精神，在不断地探索与反思中寻找教学突破和专业创新。事实证明，高校英语教师只有通过不断的观察与反思才能发现自身教学中的不足之处，才能发现自身专业素质在多元文化教育领域的局限性。

高校英语教师应当把英语教学当作一门应用能力教学，要重点培养学生的综合英语应用能力，包括英语的听、说、读、写、译，提高学生对英语的实际应用能力和跨文化交际能力。在此过程中，高校也要鼓励英语教师大胆质疑，为培养英语教师的批判意识和创新思维创造条件。英语语言知识和多元文化信息的融合导致英语教学面临新的问题和挑战，英语教师应本着创新思维和质疑精神，认真思考新阶段出现的新问题，探寻多元文化的创新。

（二）进行学术深造

伴随信息全球化和教育国际化的发展，加上各国在政治、经济、文化等方面的合作与交流，出国学习、交流的政策不断放宽，出国手续的办理也越来越简便，再加上英语教师本身具有的英语语言优势，有利于英语教师在国外开展学习和生活。因此，对于高校英语教师来说，出国进行学术深造已经不是一件遥不可及的事情。

与此同时，学校的财政资助也为英语教师进行学术深造提供了必要的保障，对英语教师的长期发展和进步来说意义非凡。学术深造有助于英语教师在进一步提高自身专业知识的同时，了解相关学科的发展情况，涉猎新的研究专业和研究领域，拓展研究视野，更新教学理念，深入体验和研究英语国家的文化，提升学术水平和多元文化的教学素养。

（三）参加学术会议

定期参加专业的学术会议是提升高校英语教师多元文化素质和能力的重要途径。与英语专业学科发展和英语跨文化教学科学研究相关的学术会议为高校英语教师间的沟通交流与共同发展提供了良好的平台，来自世界各地的英语学者在学术会议上广泛学习各种专业知识，自由阐述自己的学术成果，与同行分享自己的文化教学研究经历，各抒己见，百家争鸣。

在论述和汇报过程中，高校英语教师的多元文化专业知识水平和跨文化教学认知水平得以提高。除此之外，学术会议上资源丰富、形式多样，电子会议、视频会议、电子公告板、网上论坛等形式的交流手段更是为英语教师获得学术信息和资源提供了便利。因此，经常参加学术交流，不仅可以加深教师自身对跨文化教学理论的理解，还能明确英语跨文化教学发展的方向。

（四）开展终身学习

经济全球化、文化多元化和互联网信息技术的发展，为知识的获取和信息资源的流通提供了便利的条件。基于这种发展状况，高校英语教师要进一步确立终身学习的理念，通过不断的学习丰富自己的多元知识，提升自己的文化教学认知和文化教学能力。在这样一个信息技术更新换代速度非常快的时代，不学习新知识、新理念和新技术就会落后，就会被淘汰。当前，高校学生的年龄基本在 18 ～ 25 周岁之间，他们接受新思想，发现热点问题的速度也很快。这些学生大都会使用手机、平板等各种智能设备，关注多元文化信息的变化。因此，如果高校英语教师不积极利用互联网信息技术，更新自己的多元文化知识储备，就会跟不上高校学生的认知动态和思想变化，就不能理解他们的关注点和兴趣点，因而就不能与学生进行顺畅沟通，不利于教学活动的开展和师生感情的培养。

高校英语教师除了可以利用互联网信息技术进行自学以外，还可以通过出国进修等方式开展终身学习。近几年来，高校英语教师可以通过学校、院系出资或者个人与学校共同出资的方式出国进修，还可以通过参加各类职业培训或国内外学术会议的方式学习。为了培养越来越多擅长开展多元文化教学的大学英语教师，满足当前高校英语教学工作的需求，教育部也组织开展了专题研讨等形式的学术会议，以增强英语教师对教学改革的认识，帮助他们转变教学思路，使高校英语教学工作的开展更符合国家和社会发展的要求。

另外，由于各地高校持续扩招，各高校对英语教师的需求也越来越大，尤其对具备多元文化知识、能够开展多元文化教学的教师的需求日益增多，高校英语教师原本的人数和类型已经不能再满足高校英语教学工作的正常开展，教与学的矛盾逐渐突出。高校英语教学师资力量短缺加之新课程改革对教学要求的提高，使广大英语教师的学习任务、教学任务逐渐繁重，从而严重影响了教学效果。与此同时，教学经验丰富的资深教师因无力承担过多的教学任务而纷纷退出教学一线，但刚刚步入工作岗位的年轻教师又因为缺少严格的培训和实际教学经验，阻碍了整体教师队伍质量的提高。由此可见，高校英语教师在完成教学任务的同时，加强自身多元文化知识和技能的学习，积极开展学术科研工作，对改善多元文化教学水平和提升自身的文化教学能力来说具有重要的现实意义。

综上所述，在多元文化教育的背景下，高校英语教师要突破传统文化意识的限制，放眼世界，着眼未来，自觉培育多元文化的意识，学习多元文化的知识，发展多元文化的教学能力。高校英语教师要通过阅读优秀的英语文学作品、上网关注多元文化的发展动态等方式方法提升对多元文化的敏感度和自觉性；要自觉接纳、包容和吸收多元的民族文化，做到“西学中用”。在实际的教学活动中，高校英语教师不仅要为多元文化教学活动的开展创设相应的教学环境，还要向学生传授本民族的优秀文化，帮助学生树立文化自信。

参考文献

[1] 肖婷 . 多元文化与英语教学 [M]. 天津：天津科学技术出版社，2017.

[2] 杨海芳，赵金晶 . 多元文化与当代英语教学 [M]. 天津：天津科学技术出版社，2018.

[3] 杨雪飞 . 多元文化视域下的大学英语教学研究 [M]. 北京：北京理工大学出版社，2019.

[4] 谭竹修 . 多元文化教育视域下大学英语教学理论探索 [M]. 天津：天津科学技术出版社，2018.

[5] 周晓娴 . 多元化文化理念与当代英语教学策略研究 [M]. 天津：天津科学技术出版社，2017.

[6] 杨玲梅 . 多元背景下的大学公共英语教学与跨文化交际研究 [M]. 北京：北京工业大学出版社，2019.

[7] 周玉忠，瞧秀梅 . 多元文化背景下英语教师教育及教学改革探索 [M]. 银川：阳光出版社，2014.

[8] 刘梅，彭慧，仝丹 . 多元文化理念与英语教学研究 [M]. 延吉：延边大学出版社，2018.

[9] 郑侠，李京函，李恩 . 多元文化视角下的大学英语教学研究 [M]. 北京：知识产权出版社，2018.

[10] 郭辉，王永红，张哲华 . 多元文化理念与当代英语教学探索 [M]. 长春：吉林大学出版社，2012.

[11] 张新旺 . 基于多元文化视域高校英语教学实践探究 [J]. 江西电力职业技术学院学报，2021，34（12）：62–63.

[12] 耿晓娜 . 多元文化背景下高校英语教学改革研究 [J]. 江西电力职业技术学院学报，2021，34（12）：80–81.

[13] 张秋楠 . 多元文化视角下的英语语言文化教学探究 [J]. 英语广场，2021（34）：94–96.

[14] 黄蕾 . 多元文化视角下大学英语教育教学创新 [J]. 科学咨询，2021（46）：43–45.

[15] 王超逸 . 英语教学中多元文化的作用——评《大学英语多元互动教学模式研究》[J]. 中国教育学刊，2021（9）：115.

[16] 潘雁，蒋晗 . 跨文化背景下的商务英语课程多元文化教学 [J]. 海外英语（上），2021（8）：32–33.

[17] 李勇 . 基于多元文化视角的高校英语教育教学分析 [J]. 陕西教育（高教版），2021（8）：43–44.

[18] 王丽丽 . 基于多元文化教育理念的民族预科英语教学研究 [J]. 黑龙江教育（理论与实践），2021（4）：57–59.

[19] 尚艳红 . 多元文化视角下大学英语教育教学创新思考 [J]. 江西电力职业技术学院学报，2020，33（12）：55–56.

[20] 孙瑞雪 . 多元文化背景下的大学英语视听说教学模式探究 [J]. 海外英语（上），2020（3）：85–86.

[21] 刘婷婷 . 多元文化视角下学校英语教学初探 [J]. 中国教育学刊，2019（A01）：108–109.

[22] 刘雪莲 . 多元文化背景下大学公共英语教学中的跨文化意识培养探微 [J]. 海外英语（下），2019（4）：136–137.

[23] 郭丽 . 多元文化背景下英语教学对学生人文素养的培养 [J]. 齐齐哈尔师范高等专科学校学报，2018（4）：146–147.

[24] 翟谧倩 . 多元文化发展视角中高校英语教学体系的构建 [J]. 黑龙江高教研究，2016（5）：171–173.

[25] 刘育东，周迎 . 全球化下我国大学英语多元文化教学新思路 [J]. 河北大学学报（哲学社会科学版），2009，34（6）：130–135.

[26] 陈小红 . 国际传播视域下大学英语文化教学策略研究 [J]. 安康学院学报，2021，33（6）：68–71.

[27] 曹梦月，王俊 . 智能时代大学英语文化教学中现代信息技术应用调查研究 [J]. 教育教学论坛，2020（10）：95–96.

[28] 王秋菊 . 高校英语文化教学供给侧改革探究——基于英语学习者中国文化认同的视角 [J]. 黑龙江教育（高教研究与评估），2020（2）：55–59.

[29] 刘莉 . 跨文化交际能力培养——实践理念下的大学英语文化教学 [J]. 南宁师范大学学报（哲学社会科学版），2020，41（2）：76–84.

[30] 蒲春红 . 关于大学英语文化教学中阅读圈教学模式的构建与探索 [J]. 当代教育实践与教学研究，2019（24）：63–64.

[31] 杨桂华，赵智云 . 培养跨文化能力的大学英语阅读教学实践研究 [J]. 外语界，2018（3）：24–29.

[32] 周世燕 . 大学英语文化教学新探索——评《中国文化英语教程》[J]. 教育发展研究，2018，38（12）：86.

[33] 倪锦诚，曹佳琳，何玲 . 多媒体网络环境下的英语文化教学模式研究 [J]. 上海理工大学学报（社会科学版），2018，40（2）：130–134.

[34] 杨华，李莉文 . 融合跨文化能力与大学英语教学的行动研究 [J]. 外语与外语教学，2017（2）：9–17.

[35] 付小秋，张红玲 . 综合英语课程的跨文化教学设计与实施 [J]. 外语界，2017（1）：89–95.

[36] 葛春萍，王守仁 . 跨文化交际能力培养与大学英语教学 [J]. 外语与外语教学，2016（2）：79–86.

[37] 李秀静 . 建构主义理论下大学英语文化教学的优化 [J]. 教育理论与实践，2016，36（6）：57–58.

[38] 金虹 . 英语教学中跨文化交际能力培养研究 [J]. 课程 · 教材 · 教法，2015，35（11）：80–85.

[39] 杨东杰，王维倩 . 大学英语文化教学生态失衡与对策研究 [J]. 黑龙江高教研究，2013，31（12）：150–152.

[40] 孔德亮，栾述文 . 大学英语跨文化教学的模式构建——研究现状与理论思考 [J]. 外语界，2012（2）：17–26.

[41] 常晓梅，赵玉珊 . 提高学生跨文化意识的大学英语教学行动研究 [J]. 外语界，2012（2）：27–34.

[42] 张勇 . 英语教学中文化导入的重要性 [J]. 天津外国语学院学报，2003，10（1）：76–80.

[43] 李翠琼 .“一带一路”视域下大学英语教师素养研究 [J]. 成都工业学院学报，2020，23（4）：94–98.

[44] 薄萌萌 . 试析“教文育人”视域下的英语教师素养 [J]. 教育现代化，2019，6（87）：151–153.

[45] 张暄 . 英语学科核心素养背景下对教师素养的思考 [J]. 林区教学，2018（9）：58–59.

[46] 黎晓晖 . 新时代背景下提高英语教师素养之我见 [J]. 智库时代，2018（32）：110–111.

[47] 李晖，王芳 . 网络与新媒体时代大学英语教师素养探究 [J]. 社科纵横，2015，30（12）：169–170.

[48] 阎毅 . 关于高校商务英语教师素养与能力构成的研究 [J]. 吉林省教育学院学报（下旬），2015，31（8）：22–23.

[49] 何晓斓，唐文杰 . 教研室管理视域下的大学英语教师素养提升 [J]. 湖南第一师范学院学报，2015，15（2）：52–56.

[50] 李萍，刘红英 .E 时代的高校英语教师素养探究 [J]. 科技咨询导报，2007（30）：230.